Die große Zeit Spaniens war vom Ende des 15. bis zur Mitte des 17. Jahrhunderts. Die spanische politische Vorherrschaft in Europa hielt nicht so lange, aber der Reichtum, der nach der Entdeckung und Eroberung Amerikas und Ozeaniens aus der Neuen Welt ins Mutterland floß, war anhaltend unermeßlich und bewirkte – unter anderem – eine außerordentliche Blüte sämtlicher Künste. Die Spanier nennen diese anderthalb Jahrhunderte ihr Goldenes Zeitalter. Für uns ist es das Zeitalter des spanischen Barock.

Achtung, manche Kenner Spaniens sagen, Spanien sei überhaupt barock und Barock sei Spanien: Prunkvolle, theatralische, wildbewegte, unübersichtliche, ekstatische Fassaden – und dahinter, keineswegs versteckt, sondern eben prächtig angekündigt, das Grinsen des Todes, die Fratze des Teufels oder zumindest das bleiche Gesicht eines schmerzgepeinigten Büßers: das habe jeder zu erwarten, der sich auf Spanien einlasse.

In den sechs Erzählungen dieses zweisprachigen Taschenbuches kommt das nicht mit aller Wucht zum Ausdruck. Jede für sich genommen ist ansprechend und unterhaltsam. Aber ein wenig bestürzend sind manche von ihnen schon! Und jedenfalls ergeben sie ein für viele Deutsche ziemlich neues – eben: ein barockes – Bild von Spanien.

Ein Nachwort des Literaturwissenschaftlers Arturo del Hoyo stellt interessante Zusammenhänge her.

dtv zweisprachig · Edition Langewiesche-Brandt

# NARRACIONES BARROCAS

## BAROCKE ERZÄHLUNGEN AUS SPANIEN

Auswahl und Übersetzung von Erna Brandenberger

Beratung und Nachwort von Arturo del Hoyo

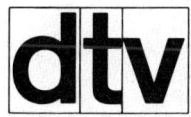

Deutscher Taschenbuch Verlag

Neuausgabe des Buches, das 1989 unter dem Titel «Narracio-
nes de los Siglos de Oro – Erzählungen aus dem Goldenen
Zeitalter» als Band 9264 der Reihe erschienen ist.

© Deutscher Taschenbuch Verlag GmbH & Co. KG, München
  November 1995
  Übersetzung des Quevedo-Textes: Wilhelm Muster
  Aus: Francisco de Quevedo. Die Träume
© Insel Verlag, Frankfurt am Main 1966
  Umschlagentwurf: Celestino Piatti
  Gesamtherstellung: Kösel, Kempten
  ISBN 3-423-09341-2. Printed in Germany

Este es un vivo retrato de virtud, liberalidad, esfuerzo, gentileza y lealtad, compuesto de Rodrigo de Narváez y el Abencerraje y Jarifa, su padre y el rey de Granada, del cual, aunque los dos formaron y dibujaron todo el cuerpo, los demás no dejaron de ilustrar la tabla y dar algunos rasguños en ella. Y como el precioso diamante engastado en oro o en plata o en plomo siempre tiene su justo y cierto valor por los quilates de su oriente, así la virtud en cualquier dañado subjecto que asiente, resplandece y muestra sus accidentes, bien que la esencia y efecto de ella es como el grano que, cayendo en buena tierra, se acrecienta, y en la mala se perdió.

Dice el cuento que en tiempo del infante don Fernando, que ganó a Antequera, fue un caballero que se llamó Rodrigo de Narváez, notable en virtud y hechos de armas. Este, peleando contra moros, hizo cosas de mucho esfuerzo, y particularmente en aquella empresa y guerra de Antequera hizo hechos dignos de perpetua memoria, sino que esta nuestra España tiene en tan poco el esfuerzo, por serle tan natural y ordinario, que le parece que cuanto se puede hacer es poco; no como aquellos romanos y griegos, que al hombre que se aventuraba a morir una vez en toda la vida le hacían en sus escritos inmortal y le trasladaban en las estrellas. Hizo, pues, este caballero tanto en servicio de su ley y de su rey, que después de ganada la villa le hizo alcaide de ella para que, pues había sido tanta parte en ganalla, lo fuese en defendella. Hízole también alcaide de Álora, de suerte que tenía a cargo ambas fuerzas, repartiendo el tiempo en ambas partes y acudiendo siempre a la mayor necesidad. Lo más

Diese Geschichte ist ein lebendes Bildnis der Tugend, Großmut, Tapferkeit, Vornehmheit und Treue; gefügt ist es von
Rodrigo de Narváez und dem Abencerraje und von Jarifa und
ihrem Vater und vom König von Granada; wohl prägen und
umreißen die zwei seine ganze Gestalt, doch tragen die andern dazu bei, das Gemälde zu bereichern und mit weiterer
Einzelheiten zu verschönern. Wie der kostbare Diamant in
Gold-, Silber- oder Bleifassung wegen seines Ursprungs-
gewichts stets den ihm gebührenden Eigenwert behält, so
leuchtet die Tugend und zeigt alle ihre Möglichkeiten, selbst
wenn sie sich in einem noch so verderbten Menschen einni-
stet, obschon ihr Wesen und ihre Wirkung wie die des Korns
sind, welches in guter Erde gedeiht und in schlechter zugrunde geht.

Die Geschichte berichtet, daß zur Zeit des Infanten Don
Fernando, welcher Antequera eroberte, ein Ritter mit Namen
Rodrigo de Narváez lebte, der sich durch Tugend ebenso
auszeichnete wie durch Waffentaten. Dieser leistete im
Kampf gegen die Mauren Großartiges, vor allem vollbrachte
er im Krieg und bei der Eroberung von Antequera Taten, die
bleibender Erinnerung würdig wären, nur halten eben wir
Spanier wenig von Heldentaten, weil sie so gewöhnlich und
alltäglich sind, daß alles, was geleistet wird, uns noch zu
wenig erscheint – anders als die Römer und Griechen, die
jeden, der auch nur einmal sein Leben wagte, in ihren
Schriften unsterblich machten und zu den Sternen erhoben.
Dieser Ritter nun leistete so vieles im Dienste des Christen-
tums und des Königs, daß ihn dieser nach der Einnahme der
Festung zum Statthalter machte; nach seinem großen Anteil
bei der Eroberung sollte er somit ebensolchen an ihrer Verteidigung bekommen. Er machte ihn auch zum Statthalter
von Álora, so daß er für beide Festungen verantwortlich war
und seine Zeit so auf beide verteilen mußte, daß er immer
dort anwesend war, wo er am dringendsten gebraucht wurde.

ordinario residía en Álora, y allí tenía cincuenta escuderos hijosdalgo a los gajes del rey para la defensa y seguridad de la fuerza; y este número nunca faltaba, como los inmortales del rey Dario, que en muriendo uno ponían otro en su lugar. Tenían todos ellos tanta fe y fuerza en la virtud de su capitán, que ninguna empresa se les hacía difícil, y así no dejaban de ofender a sus enemigos y defenderse de ellos; y en todas las escaramuzas que entraban, salían vencedores, en lo cual ganaban honra y provecho, de que andaban siempre ricos.

Pues una noche, acabando de cenar, que hacía el tiempo muy sosegado, el alcaide dijo a todos ellos estas palabras:

— Paréceme, hijosdalgo, señores y hermanos míos, que ninguna cosa despierta tanto los corazones de los hombres como el continuo ejercicio de las armas, porque con él se cobra experiencia en las proprias y se pierde miedo a las ajenas. Y de esto no hay para que yo traya testigos de fuera, porque vosotros sois verdaderos testimonios. Digo esto porque han pasado muchos días que no hemos hecho cosa que nuestros nombres acreciente, y sería dar yo mala cuenta de mí y de mi oficio si, teniendo a cargo tan virtuosa gente y valiente compañía, dejase pasar el tiempo en balde. Paréceme, si os parece, pues la claridad y seguridad de la noche nos convida que será bien dar a entender a nuestros enemigos que los valedores de Álora no duermen. Yo os he dicho mi voluntad; hágase lo que os pareciere.

Ellos respondieron que ordenase, que todos le seguirían. Y nombrando nueve de ellos, los hizo armar; y siendo armados, salieron por una puerta falsa que la fortaleza tenía, por no ser sentidos, porque la fortaleza quedase a buen recado. Y yendo por su camino adelante, hallaron otro que se dividía en dos. El alcaide les dijo:

Gewöhnlich residierte er in Álora, wo er zur Verteidigung und Sicherung der Stadt fünfzig adlige Schildknappen im Sold des Königs hatte; diese Zahl war immer vollständig wie die Unsterblichen des Königs Darius, denn sobald einer starb, nahm ein anderer dessen Stelle ein. Sie alle setzten ihr Vertrauen und ihre Stärke ganz und gar in die Vortrefflichkeit ihres Anführers, so daß sie keine Unternehmung schwierig fanden und sich nie scheuten, ihre Feinde anzugreifen und sich gegen sie zu verteidigen; aus allen Gefechten, in die sie sich einließen, gingen sie siegreich hervor, gewannen Ehre und Beute und waren immer reich an beidem.

Eines Abends nun richtete angesichts des schönen und ruhigen Wetters der Statthalter nach dem Essen folgende Worte an sie:

«Mir scheint, meine Herren Edelleute und Brüder, nichts wecke Männerherzen so gut auf wie die ständige Waffenübung, denn nur so gewinnt man Erfahrung mit den eigenen und verliert die Angst vor den fremden. Dafür brauche ich keine Zeugen von außen anzuführen, denn ihr seid das beste Zeugnis. Ich sage das, weil viele Tage verflossen sind, ohne daß wir etwas getan haben, unsern Ruhm zu vermehren, und es stünde mir und meinem Amt schlecht an, die Zeit nutzlos verstreichen zu lassen und dabei so treffliche Männer in meinem Dienst und zu meiner Begleitung zur Verfügung zu haben. Es scheint mir darum, falls ihr einverstanden seid, denn die helle und sichere Nacht lädt uns dazu ein, daß es gut wäre, unseren Feinden zu zeigen, daß die Verteidiger von Álora nicht schlafen. Ich habe euch meinen Willen kundgetan; es soll getan werden, was ihr richtig findet.»

Sie antworteten, er möge den Befehl geben, und alle würden ihm folgen. Er ernannte neun von ihnen und gebot ihnen, sich zu rüsten; als sie kampfbereit waren, verließen sie die Festung durch ein verstecktes Tor, damit niemand sie höre und die Stadt nicht in Unruhe gerate. Als sie so des Weges ritten, kamen sie zu einer Gabelung. Der Statthalter sagte zu ihnen:

– Ya podría ser que, yendo todos por este camino, se nos fuese la caza por este otro. Vosotros cinco os id por el uno, yo con estos cuatro me iré por el otro; y si acaso los unos toparen enemigos que no basten a vencer, toque uno su cuerno, y a la señal acudirán los otros en su ayuda.

Yendo los cinco escuderos por su camino adelante hablando en diversas cosas, el uno de ellos dijo:

– Teneos, compañeros, que o yo me engaño o viene gente.

Y metiéndose entre una arboleda que junto al camino se hacía, oyeron ruido. Y mirando con más atención, vieron venir por donde ellos iban un gentil moro en un caballo ruano; él era grande de cuerpo y hermoso de rostro y parecía muy bien a caballo. Traía vestida una marlota de carmesí y un albornoz de damasco del mismo color, todo bordado de oro y plata.

Traía el brazo derecho regazado y labrada en él una hermosa dama y en la mano una gruesa y hermosa lanza de dos hierros. Traía una darga y cimitarra, y en la cabeza una toca tunecí que, dándole muchas vueltas por ella, le servía de hermosura y defensa de su persona. En este hábito venía el moro mostrando gentil continente y cantando un cantar que él compuso en la dulce membranza de sus amores, que decía:

> Nacido en Granada,
> criado en Cártama,
> enamorado en Coín,
> frontero de Álora.

Aunque a la música faltaba el arte, no faltaba al moro contentamiento; y como traía el corazón enamorado, a todo lo que decía daba buena gracia. Los escuderos, transportados en verle, erraron poco de dejarle pasar, hasta que dieron sobre él. Él, viéndose

«Wenn wir alle den gleichen Weg nehmen, könnte es geschehen, daß uns die Beute auf dem andern entkommt. Reitet ihr fünf auf dem einen und ich mit den vier übrigen auf dem andern. Sollten die einen auf Feinde treffen, die sie allein nicht besiegen können, soll einer ins Horn stoßen, und auf das Zeichen hin werden die andern zu Hilfe eilen.»

Als die fünf Schildknappen weiterritten und über dieses und jenes redeten, sagte einer von ihnen:

«Haltet an, Kameraden, wenn ich mich nicht täusche, kommen Leute.»

Kaum hatten sie sich in einem Wäldchen neben dem Weg verborgen, da hörten sie auch schon Geräusche. Als sie aufmerksamer hinschauten, sahen sie aus der Richtung, in die sie reiten wollten, einen Mauren in vornehmer Gewandung auf einem Schecken daherkommen; er war groß gewachsen, schön von Angesicht und machte auf seinem Pferd einen stattlichen Eindruck. Er trug einen purpurroten Mantel und einen Damastüberwurf von derselben Farbe, beide mit Gold und Silber bestickt. Den rechten Arm hatte er etwas nach hinten geschoben; auf diesen Ärmel war eine schöne Dame gestickt, und in der Hand hielt er eine prächtige dicke Lanze mit zwei Eisenspitzen. Er hatte einen Schild und einen Krummsäbel, und sein tunesischer Turban war viele Male um den Kopf gewickelt, so daß er ihm zugleich als Schmuck und zum Schutz seiner Person diente. In solchem Aufzug ritt der Maure einher, und sein Gehabe ließ auf Vornehmheit schließen; dazu sang er ein Lied, das er selbst zu Ehren seiner Dame verfertigt hatte und das folgendermaßen lautete:

> Geboren in Granada,
> aufgewachsen in Cártama,
> verliebt in Coín
> an der Grenze zu Álora.

Zwar mangelte es dem Lied an Kunst, aber dem Mauren nicht an Glück, und da sein Herz von Liebe erfüllt war, wurde alles, was er sagte, anmutig und schön. So verzückt waren die Schildknappen bei seinem Anblick, daß sie den kleinen Fehler begingen, ihn vorbeireiten zu lassen, bevor sie

salteado, con ánimo gentil volvió por sí y estuvo por ver lo que harían. Luego, de los cinco escuderos, los cuatro se apartaron y el uno le acometió; mas como el moro sabía más de aquel menester, de una lanzada dio con él y con su caballo en el suelo. Visto esto, de los cuatro que quedaban, los tres le acometieron, pareciéndoles muy fuerte; de manera que ya contra el moro eran tres cristianos, que cada uno bastaba para diez moros, y todos juntos no podían con este solo.

Allí se vio en gran peligro porque se le quebró la lanza y los escuderos le daban mucha priesa; mas fingiendo que huía, puso las piernas a su caballo y arremetió al escudero que derribara, y como una ave se colgó de la silla y le tomó su lanza, con la cual volvió a hacer rostro a sus enemigos, que le iban siguiendo pensando que huía, y diose tan buena maña que a poco rato tenía de los tres los dos en el suelo. El otro que quedaba, viendo la necesidad de sus compañeros, tocó el cuerno y fue a ayudarlos. Aquí se trabó fuertemente la escaramuza, porque ellos estaban afrontados de ver que un caballero les duraba tanto, y a él le iba más que la vida en defenderse de ellos. A esta hora le dio uno de los escuderos una lanzada en un muslo que, a no ser el golpe en soslavo, se le pasara todo. Él, con rabia de verse herido, volvió por sí y diole una lanzada, que dio con él y con su caballo muy mal herido en tierra.

Rodrigo de Narváez, barruntando la necesidad en que sus compañeros estaban, atravesó el camino, y como traía mejor caballo se adelantó; y viendo la valentía del moro, quedó espantado, porque de los cinco escuderos tenía los cuatro en el suelo, y el otro, casi al mismo punto. Él le dijo:

– Moro, vente a mí, y si tú me vences, yo te aseguro de los demás.

sich ihm in den Weg stellten. Als dieser den Überfall gewahr wurde, kam er zu sich und wartete mit freundlicher Miene ab, was sie nun tun würden. Sofort entfernten sich vier der fünf Schildknappen, und einer griff ihn an; aber da der Maure mehr von dem Handwerk verstand, warf er ihn mit einem einzigen Lanzenhieb samt seinem Pferd auf den Boden. Als die vier Verbliebenen das sahen, griffen ihn drei von ihnen an, denn er kam ihnen sehr stark vor. Somit standen dem einen Mauren drei Christen gegenüber, von denen es jeder mit zehn Mauren hätte aufnehmen können, aber alle drei zusammen richteten nichts gegen diesen einen aus. Nun geriet er aber in große Gefahr, denn seine Lanze zerbrach, und die Ritter bedrängten ihn hart; er tat, als wolle er fliehen, gab seinem Pferd die Sporen, stürmte auf den Schildknappen ein, daß dieser zu Boden stürzte, schwang sich wie ein Vogel vom Sattel herunter und entriß ihm die Lanze, womit er sofort wieder seinen Feinden die Stirn bot, die schon seine Verfolgung aufgenommen hatten, weil sie glaubten, er wolle entfliehen. Er stellte es so geschickt an, daß nach kurzer Zeit von den dreien zwei auf dem Boden lagen; als der Verbliebene die Not seiner Gefährten sah, stieß er ins Horn und eilte ihnen zu Hilfe. Es entspann sich nun ein verbissenes Gefecht, denn sie waren beleidigt, daß ihnen ein Ritter so lange Widerstand leistete, für ihn stand bei seiner Verteidigung eben mehr auf dem Spiel als das Leben. Nun traf ihn ein Lanzenstich in den Schenkel, aber nur schräg, sonst hätte er ihn ganz durchbohrt. Voller Wut über seine Verletzung raffte er sich auf und stach mit der Lanze auf den Angreifer ein, daß dieser schwer verletzt samt dem Pferd zu Boden stürzte.

Rodrigo de Narváez witterte die Bedrängnis seiner Begleiter, ritt quer hinüber, und weil er das beste Pferd hatte, gewann er Vorsprung. Er staunte über die Tapferkeit des Mauren, denn von den fünf Schildknappen lagen vier auf dem Boden, und beim fünften fehlte wenig dazu. Er sprach ihn an:

«Maure, kämpfe mit mir, und wenn du mich besiegst, bürge ich für die andern.»

Y comenzaron a trabar brava escaramuza, mas como el alcaide venía de refresco, y el moro y su caballo estaban heridos, dábale tanta priesa que no podía mantenerse; mas viendo que en sola esta batalla le iba la vida y contentamiento, dio una lanzada a Rodrigo de Narváez que, a no tomar el golpe en su darga, le hubiera muerto.

Él, en recibiendo el golpe, arremetió a él y diole una herida en el brazo derecho, y cerrando luego con él, le trabó a brazos y, sacándole de la silla, dio con él en el suelo. Y yendo sobre él le dijo:

– Caballero, date por vencido; si no, matarte he.

– Matarme bien podrás – dijo el moro –, que en tu poder me tienes, mas no podrá vencerme sino quien una vez me venció.

El alcaide no paró en el misterio con que se decían estas palabras, y usando en aquel punto de su acostumbrada virtud, le ayudó a levantar, porque de la herida que le dio el escudero en el muslo y de la del brazo, aunque no eran grandes, y del gran cansancio y caída, quedó quebrantado; y tomando de los escuderos aparejo, le ligó las heridas. Y hecho esto le hizo subir en un caballo de un escudero, porque el suyo estaba herido, y volvieron el camino de Álora. Y yendo por él adelante hablando en la buena disposición y valentía del moro, él dio un grande y profundo sospiro, y habló algunas palabras en algarabía, que ninguno entendió. Rodrigo de Narváez iba mirando su buen talle y disposición; acordábasele de lo que le vio hacer, y parecíale que tan gran tristeza en ánimo tan fuerte no podía proceder de sola la causa que allí parecía. Y por informarse de él le dijo:

– Caballero, mirad que el prisionero que en la prisión pierde el ánimo, aventura el derecho de la libertad. Mirad que en la guerra los caballeros han de ganar y perder, porque los más de sus trances

Es begann ein heißer Kampf, aber da der Statthalter frisch herzugeritten war und der Maure und sein Pferd schon verletzt waren, bedrängte jener ihn so hart, daß er ihm nicht mehr standhalten konnte. Aber er wußte, daß von diesem Kampf sein Leben und sein Glück abhingen, und so versetzte er Rodrigo de Narváez einen Lanzenhieb, daß der Tod ihm sicher gewesen wäre, hätte er ihn nicht mit dem Schild aufgefangen. Kaum hatte er den Stoß abgewehrt, sprengte er auf ihn los, verwundete ihn am rechten Arm, ritt dicht auf, packte ihn mit den Armen, riß ihn aus dem Sattel und warf ihn zu Boden. Er stellte den Fuß auf seine Brust und sagte zu ihm:

«Ritter, gib dich besiegt, sonst muß ich dich töten.»

«Töten kannst du mich wohl», antwortete der Maure, «du hast mich in deiner Gewalt, aber besiegen kann mich nur, wer mich schon einmal besiegt hat.»

Der Statthalter kam nicht hinter das Geheimnis, das diese Worte enthielten, aber er machte in diesem Augenblick von seiner gewohnten Großmut Gebrauch und half ihm aufstehen, denn obwohl die Verletzungen am Schenkel und am Arm nicht schwer waren, hatten ihm doch die Anstrengung und der Sturz zugesetzt; er ließ sich von seinen Schildknappen das Nötige reichen und verband ihm die Wunden. Dann half er ihm auf das Pferd eines seiner Knappen, denn sein eigenes war verwundet, und sie ritten nach Álora zurück. Auf dem Weg redeten sie bewundernd über das Geschick und den Mut des Mauren, er aber seufzte tief auf und murmelte ein paar arabische Worte vor sich hin, die niemand verstand. Rodrigo de Narváez betrachtete seine schöne Gestalt, er erinnerte sich an sein Geschick und seine Leistungen, und es schien ihm, so tiefe Traurigkeit in einer so starken Seele könne nicht allein von dem eben hier Geschehenen herrühren. Um sich Gewißheit zu verschaffen, sagte er zu ihm:

«Seht, Herr, der Gefangene, der im Gefängnis den Mut verliert, setzt den Anspruch auf Freiheit aufs Spiel. Seht, Ritter haben im Krieg zu siegen oder zu unterliegen, denn die meisten ihrer Abenteuer hängen von der Laune des Glücks

están sujetos a la fortuna; y parece flaqueza que quien hasta aquí ha dado tan buena muestra de su esfuerzo, la dé ahora tan mala. Si sospiráis del dolor de las llagas, a lugar vais do seréis bien curado. Si os duele la prisión, jornadas son de guerra a que están sujetos cuantos la siguen. Y si tenéis otro dolor secreto, fialde de mí, que yo os prometo como hijodalgo de hacer por remediarle lo que en mí fuere.

El moro, levantando el rostro que en el suelo tenía, le dijo:

— ¿Cómo os llamáis, caballero, que tanto sentimiento mostráis de mi mal?

Él le dijo:

— A mí llaman Rodrigo de Narváez; soy alcaide de Antequera y Álora.

El moro, tornando el semblante algo alegre, le dijo:

— Por cierto, ahora pierdo parte de mi queja pues ya que mi fortuna me fue adversa, me puse en vuestras manos, que, aunque nunca os vi sino ahora, gran noticia tengo de vuestra virtud y expiriencia de vuestro esfuerzo; y porque no os parezca que el dolor de las heridas me hace sospirar, y también porque me parece que en vos cabe cualquier secreto, mandad apartar vuestros escuderos y hablar os he dos palabras.

El alcaide los hizo apartar y, quedando solos, el moro, arrancando un gran sospiro, le dijo:

— Rodrigo de Narváez, alcaide tan nombrado de Álora, está atento a lo que te dijere, y verás si bastan los casos de mi fortuna a derribar un corazón de un hombre captivo. A mí llaman Abindarráez el mozo, a diferencia de un tío mío, hermano de mi padre, que tiene el mismo nombre. Soy de los Abencerrajes de Granada, de los cuales muchas veces habrás oído decir; y aunque me bastaba la lástima presente sin acordar las pasadas, todavía te

ab. Es wird als Schwäche aufgefaßt, wenn jemand bis anhin so viel Mut bewiesen hat, nun so verzagt wirkt. Wenn ihr aus Schmerz über eure Wunden seufzt, so kommt ihr jetzt an einen Ort, wo ihr Heilung findet. Wenn euch die Gefangenschaft bedrückt, das hier sind Kriegszüge, und es heißt, alle Folgen zu tragen, die sich daraus ergeben. Wenn euch ein anderer geheimer Schmerz quält, so vertraut ihn mir an, ich verspreche euch als Edelmann, alles zu tun, was ich vermag, um ihn zu lindern.»

Der Maure hob die Augen, die bis jetzt zu Boden gerichtet waren, und sagte zu ihm:

«Herr, wie heißt Ihr, daß Ihr so viel Mitgefühl mit meinem Schmerz zeigt?»

Er antwortete:

«Mein Name ist Rodrigo de Narváez; ich bin Statthalter von Antequera und Álora.»

Das Gesicht des Mauren hellte sich ein wenig auf, als er es nach ihm umwandte und zu ihm sagte:

«Nun allerdings entfällt ein Teil meiner Klage, denn wenn das Glück mir auch nicht hold war, so bin ich doch wenigstens Euch in die Hände gefallen; obwohl ich Euch bis heute nie gesehen habe, so weiß ich Großes von Eurem Edelmut, und Eure Waffentaten sind mir bekannt. Damit Ihr nicht glaubt, daß ich aus Schmerz wegen meiner Wunden seufze, und weil mir scheint, daß Ihr jedes Geheimnis wahren könnt, so schickt Eure Schildknappen weg, und ich will Euch etwas Weniges mitteilen.»

Der Statthalter tat so, und als sie allein waren, fing der Maure mit einem tiefen Seufzer an zu reden:

«Rodrigo de Narváez, hochgeachteter Statthalter von Álora, hör gut zu, was ich dir sage, und urteile selbst, ob meine Schicksalsschläge schwer genug sind, den Mut eines Gefangenen zu brechen. Mich nennt man Abindarráez den Jungen, im Unterschied zu einem Onkel von mir, Bruder meines Vaters, der den gleichen Namen hat. Ich bin Abkömmling der Abencerrajes aus Granada, von denen du sicher schon oft gehört hast; doch obwohl mir mein jetziges Unglück eigentlich genügte, ohne daß ich früheres in Er-

quiero contar esto. Hubo en Granada un linaje de caballeros que llamaban los Abencerrajes, que eran flor de todo aquel reino, porque en gentileza de sus personas, buena gracia, disposición y gran esfuerzo hacían ventaja a todos los demás; eran muy estimados del rey y de todos los caballeros, y muy amados y quistos de la gente común. En todas las escaramuzas que entraban, salían vencedores, y en todos los regocijos de caballería se señalaban; ellos inventaban las galas y los trajes. De manera que se podía bien decir que en ejercicio de paz y de guerra eran regla y ley de todo el reino. Dícese que nunca hubo Abencerraje escaso ni cobarde ni de mala disposición. No se tenía por Abencerraje el que no servía dama, ni se tenía por dama la que no tenía Abencerraje por servidor. Quiso la fortuna, enemiga de su bien, que de esta excelencia cayesen de la manera que oirás. El Rey de Granada hizo a dos de estos caballeros, los que más valían, un notable e injusto agravio, movido de falsa información que contra ellos tuvo. Y quísose decir, aunque yo no lo creo, que estos dos, y a su instancia otros diez, se conjuraron de matar al rey y dividir el Reino entre sí, vengando su injuria. Esta conjuración, siendo verdadera o falsa, fue descubierta, y por no escandalizar el Rey el Reino, que tanto los amaba, los hizo a todos una noche degollar, porque a dilatar la injusticia, no fuera poderoso de hacella. Ofreciéronse al Rey grandes rescates por sus vidas, mas él aun escuchallo no quiso. Cuando la gente se vio sin esperanzas de sus vidas, comenzó de nuevo a llorarlos. Llorábanlos los padres que los engendraron, y las madres que los parieron; llorábanlos las damas a quien servían, y los caballeros con quien se acompañaban. Y toda la gente común alzaba un tan grande y continuo alarido como si la ciudad se entrara de enemigos, de manera que si a precio de lágrimas se hubie-

innerung rufen müßte, will ich dir auch das erzählen. In Granada gab es ein Adelsgeschlecht, das man die Abencerrajes nannte, die kostbarste Blüte im ganzen Reich, denn mit ihrer Menschenfreundlichkeit und Güte, ihrer liebenswürdigen Bereitschaft in Haltung und Gebaren, sowie mit ihren Waffentaten zeichneten sie sich vor allen andern aus; sie waren hochgeschätzt und beliebt beim König und beim ganzen Adel und verehrt vom gemeinen Volk. Sie gingen siegreich aus allen Rittergefechten hervor und glänzten an allen Festen; sie erfanden prunkvolle Veranstaltungen und prächtige Gewänder. So konnte man sehr wohl sagen, daß sie in Frieden und Krieg Maß und Richtschnur des ganzen Reiches waren. Es heißt, daß es nie einen kleinlichen oder feigen oder sonst tadelnswerten Abencerraje gegeben habe. Keiner galt als Abencerraje, der nicht einer Dame diente, und keine galt als Dame, die in ihren Diensten nicht einen Abencerraje hatte. Aber Fortuna mißgönnte ihnen ihr Glück und ließ es zu, daß sie aus solchen Höhen stürzten, wie ich nun erzählen will. Der König von Granada tat zweien von ihnen – den vortrefflichsten – aufgrund von Verleumdungen schwerstes Unrecht an. Es wurde sogar gesagt, obwohl ich es nicht glaube, daß diese beiden zehn weitere anstifteten, den König zu töten und das Reich unter sich aufzuteilen, um so das Unrecht zu rächen. Die Verschwörung, ob wahr oder falsch, wurde aufgedeckt, und weil der König das Reich, wo sie so beliebt waren, nicht in Aufruhr bringen wollte, ließ er sie alle in einer Nacht enthaupten, denn hätte sich das Unrecht herumgesprochen, hätte er die Kraft nicht mehr gehabt, es zu vollstrecken. Dem König waren zwar hohe Lösegelder für ihre Leben geboten worden, aber er wollte nicht einmal zuhören. Als die Leute einsahen, daß keine Hoffnung auf Rettung mehr bestand, fingen sie wieder an, um sie zu weinen. Es weinten die Väter, die sie gezeugt, die Mütter, die sie geboren, die Damen, denen sie gedient, die Ritter, die sie begleitet hatten. Das ganze Volk erhob so großes und nicht endenwollendes Wehgeschrei, als würde die Stadt von Feinden belagert, so daß die Abencerrajes, hätte man um den Preis der Tränen ihr Leben kaufen können, unmöglich

ran de comprar sus vidas, no murieran los Abencerrajes tan miserablemente. Ves aquí en lo que
acabó tan esclarecido linaje y tan principales caballeros como en él había; considera cuánto tarda la fortuna en subir un hombre, y cuán presto le
derriba; cuánto tarda en crecer un árbol, y cuán
presto va al fuego; con cuánta dificultad se edi-
fica una casa, y con cuánta brevedad se quema.
¡Cuántos podrían escarmentar en las cabezas de
estos desdichados, pues tan sin culpa padecieron con
público pregón! Siendo tantos y tales y estando en
el favor del mismo Rey, sus casas fueron derriba-
das, sus heredades enajenadas y su nombre dado en
el Reino por traidor. Resultó de este infelice caso
que ningún Abencerraje pudiese vivir en Granada,
salvo mi padre y un tío mío, que hallaron innocen-
tes de este delicto, a condición que los hijos que les
naciesen, enviasen a criar fuera de la ciudad para
que no volviesen a ella, y las hijas casasen fuera
del Reino.

Rodrigo de Narvaez, que estaba mirando con
cuánta pasión le contaba su desdicha, le dijo:

– Por cierto, caballero, vuestro cuento es extraño,
y la sinrazón que a los Abencerrajes se hizo fue
grande, porque no es de creer que siendo ellos tales,
cometiesen traición.

– Es como yo lo digo – dijo él –. Y aguardad
más y veréis cómo desde allí todos los Bencerrajes
deprendimos a ser desdichados. Yo salí al mundo
del vientre de mi madre, y por cumplir mi padre el
mandamiento del Rey, envióme a Cártama al alcaide que en ella estaba, con quien tenía estrecha
amistad. Éste tenía una hija, casi de mi edad, a
quien amaba más que a sí, porque allende de ser
sola y hermosísima, le costó la mujer, que murió de
su parto. Ésta y yo en nuestra niñez siempre nos
tuvimos por hermanos porque así nos oíamos llamar. Nunca me acuerdo haber pasado hora que

eines so schmählichen Todes gestorben wären. Du siehst hier, wie ein herrliches Geschlecht mit so vortrefflichen Fürsten, wie es das ihre aufwies, plötzlich endete; bedenke, wie lange Fortuna braucht, einen Menschen aufsteigen zu lassen; und wie schnell sie ihn stürzt; wie lange braucht ein Baum zum Wachsen, und wie schnell wird er ins Feuer geworfen; wie schwierig ist es, ein Haus zu bauen, und wie schnell verbrennt es. Wie viele könnten doch von den abgeschlagenen Köpfen dieser Unglücklichen lernen, die wegen übler Nachrede derart zu leiden hatten! Obwohl ihrer viele waren, obwohl sie hohes Ansehen genossen und in der Gunst des Königs standen, wurden ihre Häuser zerstört, ihr Erbe veräußert und ihr Name im Reich mit Verrat gleichgesetzt. Als Folge dieses unseligen Vorfalls konnte fortan kein Abencerraje mehr in Granada leben außer meinem Vater und einem Onkel, die man als an dem Vergehen unschuldig befand, allerdings mit der Bedingung, daß die Kinder, die ihnen geboren würden, außerhalb der Stadt aufzuziehen seien, daß die Söhne nicht in die Stadt zurückkehren dürften und die Töchter außerhalb des Reiches heiraten müßten.»

Rodrigo de Narváez beobachtete, wie leidenschaftlich erregt der Maure sein Unglück erzählte, und sagte zu ihm:

«Eure Geschichte, Herr, ist allerdings höchst befremdlich, und groß ist die Unbill, die den Abencerrajes widerfahren ist, denn wenn sie von solcher Wesensart waren, ist es unvorstellbar, daß sie Verrat begingen.»

«Es ist so, wie ich sage», antwortete er, «wartet ab, und Ihr werdet erfahren, wie von da an alle Abencerrajes unglücklich wurden. Ich war kaum aus dem Mutterleib auf die Welt gekommen, und schon schickte mich mein Vater, um das Gebot des Königs zu erfüllen, zum Statthalter von Cártama, mit dem ihn enge Freundschaft verband. Dieser hatte eine Tochter, die fast gleich alt war wie ich und die er mehr liebte, als sich selbst, denn nicht nur war sie sehr schön und sein einziges Kind, sie hatte dazu seiner Gattin das Leben gekostet, denn diese war bei ihrer Geburt gestorben. Wir beide hielten uns in unserer ganzen Kindheit für Geschwister, denn so hörten wir uns immer nennen. Ich erinnere

no estuviésemos juntos. Juntos nos criaron, juntos andábamos, juntos comíamos y bebíamos. Nasciónos de esta conformidad un natural amor, que fue siempre creciendo con nuestras edades. Acuérdome que entrando una siesta en la huerta que dicen de los jazmines, la hallé sentada junto a la fuente, componiendo su hermosa cabeza. Miréla vencido de su hermosura, y parecióme a Sálmacis, y dije entre mí: ‹¡Oh, quién fuera Troco para parecer ante esta hermosa diosa!› No sé cómo me pesó de que fuese mi hermana; y no aguardando más, fuime a ella y cuando me vio con los brazos abiertos me salió a recebir y, sentándome junto a sí, me dijo: ‹Hermano, ¿cómo me dejaste tanto tiempo sola?› Yo la respondí: ‹Señora mía, porque ha gran rato que os busco, y nunca hallé quien me dijese dó estábades, hasta que mi corazón me lo dijo. Mas decidme ahora, ¿qué certinidad tenéis vos de que seamos hermanos?›

‹Yo, dijo ella, no otra más del grande amor que te tengo, y ver que todos nos llaman hermanos.› ‹Y si no lo fuéramos, dije yo, ¿quisiérasme tanto?› ‹¿No ves, dijo ella, que, a no serlo, no nos dejara mi padre andar siempre juntos y solos?› ‹Pues si ese bien me habían de quitar, dije yo, más quiero el mal que tengo.› Entonces ella, encendiendo su hermoso rostro en color, me dijo: ‹¿Y qué pierdes tú en que seamos hermanos?› ‹Pierdo a mí y a vos›, dije yo. ‹Yo no te entiendo, dijo ella, mas a mí me parece que sólo serlo nos obliga a amarnos naturalmente.› ‹A mí sola vuestra hermosura me obliga, que antes esa hermandad parece que me resfría algunas veces.› Y con esto bajando mis ojos de empacho de lo que le dije, vila en las aguas de la fuente al proprio como ella era, de suerte que donde quiera que volvía la cabeza, hallaba su imagen, y en mis entrañas, la más verdadera. Y decíame yo a mí mismo, y pe-

mich nicht, eine Stunde verbracht zu haben, in der wir nicht beisammen waren: gemeinsam wuchsen wir auf, gemeinsam gingen wir überall hin, gemeinsam aßen und tranken wir. Aus dieser Gemeinsamkeit erwuchs eine natürliche Zuneigung, die mit jedem Jahr tiefer wurde. Ich erinnere mich, daß ich sie eines Nachmittags um die Siestastunde im sogenannten Jasmingarten am Brunnen sitzen sah; sie steckte soeben ihr prächtiges Haar auf, und ich war so überwältigt von ihrer Schönheit, daß sie mir wie Salmacis vorkam und ich dachte: ‹Ach, wäre ich Hermaphrodit, um vor dieser herrlichen Göttin zu erscheinen!› Es tat mir so weh, daß sie meine Schwester war; ich blieb nicht länger stehen und ging auf sie zu; als sie mich sah, kam sie mir mit offenen Armen entgegen, machte mir neben sich Platz und sagte: ‹Bruder, warum hast du mich so lange allein gelassen?› Ich antwortete: ‹Meine Herrin, ich suche Euch schon eine ganze Weile, habe aber keinen gefunden, der mir sagen konnte, wo Ihr wärt, bis mein Herz es mir sagte. Aber sagt mir nun, welche Gewißheit habt Ihr, daß wir Geschwister sind?› ‹Ich›, sagte sie, ‹keine andere als die große Liebe, die ich für dich empfinde, und, daß alle uns Geschwister nennen.› ‹Und wenn wir es nicht wären›, sagte ich, ‹würdet Ihr mich ebenso lieben?› ‹Siehst du nicht›, sagte sie, ‹daß uns mein Vater, wenn wir es nicht wären, nicht stets allein beisammen ließe?› ‹Würde mir dieses Glück genommen›, sagte ich, ‹dann wäre mir der Schmerz lieber, den ich jetzt fühle.‹ Da errötete ihr schönes Gesicht, und sie sagte: ‹Was verlierst du denn, wenn wir Geschwister sind?› ‹Ich verliere mich und Euch› entgegnete ich. ‹Ich verstehe dich nicht›, antwortete sie, ‹mir scheint aber, allein schon dies verpflichtet uns, einander auf natürliche Weise zu lieben.› ‹Mich verpflichtet einzig Eure Schönheit, und die Verwandtschaft scheint mich manchmal eher abzukühlen.› Verwirrt über das, was ich soeben gesagt hatte, senkte ich den Blick und sah sie im Wasser des Brunnens genau so, wie sie war, und überall, wo ich den Kopf nun hinwandte, fand ich ihr Bild und in meinem Herzen das allerechteste. Ich sagte zu mir selbst (und hätte mich geschämt, wenn jemand es gehört hätte): ‹Wenn

sárame que alguno me lo oyera: ‹Si yo me ane-
gase ahora en esta fuente donde veo a mi señora,
¡cuánto más desculpado moriría yo que Narciso! Y
si ella me amase como yo la amo, ¡qué dichoso sería yo! Y si la fortuna nos permitiese vivir siempre
juntos, ¡qué sabrosa vida sería la mía!› Diciendo
esto levantéme, y volviendo las manos a unos jazmines de que la fuente estaba rodeada, mezclándolos con arrayán hice una hermosa guirnalda y
poniéndola sobre mi cabeza, me volví a ella, coronado y vencido. Ella puso los ojos en mí, a mi
parecer más dulcemente que solía, y quitándome-
la, la puso sobre su cabeza. Parecióme en aquel
punto más hermosa que Venus cuando salió al
juicio de la manzana, y volviendo el rostro a mí,
me dijo: ‹¿Qué te parece ahora de mí, Abindarráez?› Yo la dije: ‹Paréceme que acabáis de
vencer el mundo y que os coronan por reina y
señora de él.› Levantándose me tomó por la mano y me dijo: ‹Si eso fuera, hermano, no perdiéra-
des vos nada.› Yo, sin la responder, la seguí hasta
que salimos de la huerta. Esta engañosa vida
trajimos mucho tiempo, hasta que ya el amor por
vengarse de nosotros nos descubrió la cautela,
que, como fuimos creciendo en edad, ambos acaba-
mos de entender que no éramos hermanos. Ella
no sé lo que sintió al principio de saberlo, mas yo
nunca mayor contentamiento recebí, aunque después acá lo he pagado bien. En el mismo punto
que fuimos certificados de esto, aquel amor limpio
y sano que nos teníamos, se comenzó a dañar y se
convirtió en una rabiosa enfermedad, que nos
durara hasta la muerte. Aquí no hubo primeros
movimientos que escusar, porque el principio de
estos amores fue un gusto y deleite fundado
sobre bien, mas después no vino el mal por principio, sino de golpe y todo junto: ya yo tenía mi
contentamiento puesto en ella, y mi alma, hecha a

ich mich jetzt in dem Brunnen ertränkte, wo ich meine Herrin sehe, stürbe ich noch unschuldiger als Narziß! Wenn sie mich liebte, so wie ich sie, ach, wie glücklich wäre ich! Wenn das Schicksal uns gestattete, immer beisammen zu bleiben, wie köstlich wäre dann mein Leben!› Mit solchen Worten auf den Lippen stand ich auf, pflückte Blüten von einem Jasminstrauch, der sich um den Brunnen rankte, und wand sie mit Myrtenzweigen zu einem schönen Kranz; ich setzte ihn mir auf den Kopf und drehte mich gekrönt und besiegt nach ihr um. Sie schaute mir in die Augen, zärtlicher als sonst, wir mir schien, nahm mir den Kranz ab und setzte ihn sich selbst auf den Kopf. Sie kam mir in diesem Augenblick schöner vor als Venus, als sie sich dem Urteil mit dem Apfel stellte. Sie schaute mich wieder an und sagte: ‹Wie findest du mich jetzt, Abindarráez?› Ich antwortete: ‹Ihr kommt mir vor, als hättet Ihr soeben die Welt erobert und würdet als ihre Königin und Herrin gekrönt.› Sie stand auf, ergriff meine Hand und sagte: ‹Wenn dem so wäre, Bruder, Ihr würdet nichts verlieren.› Ohne darauf zu antworten, folgte ich ihr bis zum Ausgang des Gartens. So lebten wir lange in berückender Gaukelei dahin, bis der Liebesgott, um sich an uns zu rächen, uns das Geheimnis verriet, denn als wir älter wurden, wußten wir allmählich immer klarer, daß wir keine Geschwister waren. Ich weiß nicht, was sie zuerst fühlte, als sie es merkte; für mich war es das größte Glück, das ich je empfunden hatte, obwohl ich es seither teuer bezahlt habe. Sobald wir nämlich unserer Sache sicher waren, nahm die reine unversehrte Liebe, die wir einander bis dahin entgegengebracht hatten, immer größeren Schaden und entwickelte sich zu einer rasenden Seuche, von der wir bis zu unserm Tode nicht wieder genesen werden. Es gab da keine ersten Regungen, die man hätte bezichtigen können, denn der Beginn dieser Liebe war eitel Wonne und Seligkeit und fußte auf guten Grundsätzen. Aber dann kam das Leid nicht allmählich, sondern auf einen Schlag, und alles auf einmal. Ich hatte mein Glück schon vollständig auf sie gesetzt und meine Seele mit der ihren in Einklang gebracht. Alles, was ich an ihr nicht fand, kam mir häßlich und überflüssig vor,

medida de la suya. Todo lo que no veía en ella, me parecía feo, escusado y sin provecho en el mundo; todo mi pensamiento era en ella. Ya en este tiempo nuestros pasatiempos eran diferentes; ya yo la miraba con recelo de ser sentido, ya tenía invidia del sol que la tocaba. Su presencia me lastimaba la vida, y su ausencia me enflaquecía el corazón, Y de todo esto creo que no me debía nada porque me pagaba en la misma moneda. Quiso la fortuna, envidiosa de nuestra dulce vida, quitarnos este contentamiento en la manera que oirás. El Rey de Granada, por mejorar en cargo al alcaide de Cártama, envióle a mandar que luego dejase aquella fuerza y se fuese a Coín, que es aquel lugar frontero del vuestro, y que me dejase a mí en Cártama en poder del alcaide que a ella viniese. Sabida esta desastrada nueva por mi señora y por mí, juzgad vos, si algún tiempo fuisteis enamorado, lo que podríamos sentir. Juntámonos en un lugar secreto a llorar nuestro apartamiento. Yo la llamaba: ‹Señora mía, alma mía, solo bien mío›, y otros dulces nombres que el amor me enseñaba. ‹Apartándose vuestra hermosura de mí, ¿ternéis alguna vez memoria de este vuestro captivo?› Aquí las lágrimas y sospiros atajaban las palabras. Yo, esforzándome para decir, malparía algunas razones turbadas de que no me acuerdo porque mi señora llevó mi memoria consigo. Pues ¡quién os contase las lástimas que ella hacía, aunque a mí siempre me parecían pocas! Decíame mil dulces palabras que hasta ahora me suenan en las orejas; y al fin, porque no nos sintiesen, despedímonos con muchas lágrimas y sollozos dejando cada uno al otro por prenda un abrazado, con un sospiro arrancado de las entrañas. Y porque ella me vio en tanta necesidad y con señales de muerte, me dijo: ‹Abindarráez, a mí se me sale el alma en apartarme de ti; y porque siento de ti lo mismo, yo quiero ser tuya hasta

ganz und gar sinnlos auf dieser Welt; alle meine Gedanken waren einzig auf sie gerichtet. In dieser Zeit änderte sich unser Beisammensein: ich betrachtete sie nun voller Argwohn, beobachtet zu werden, ich beneidete den Sonnenstrahl, der sie beschien. Ihre Anwesenheit beeinträchtigte mein Leben, ihre Abwesenheit schwächte mein Herz. In all dem, glaube ich, blieb sie mir nichts schuldig, denn sie zahlte mit gleicher Münze. Nun aber beliebte es Göttin Fortuna aus Neid auf unser süßes Leben, uns das Glück zu rauben, wie du gleich hören wirst. Der König von Granada wollte den Statthalter von Cártama befördern und befahl ihm, jene Festung sofort zu verlassen und nach Coín überzusiedeln, der Grenzstadt zu eurem Gebiet; ich aber sollte in Cártama bleiben und dem neuen Statthalter unterstellt werden. Wenn Ihr einmal in Eurem Leben eine Zeitlang verliebt wart, könnt Ihr selbst beurteilen, wie meiner Herrin und mir zumute war, als wir diese entsetzliche Nachricht vernahmen. Wir trafen uns an einem versteckten Ort und weinten über unsere Trennung. Ich nannte sie ‹meine Herrin, meine Seele, mein einziges Gut› und bei weiteren süßen Namen, die mir die Liebe eingab. ‹Wenn Eure Schönheit sich von mir entfernt, werdet Ihr Euch jemals wieder an mich erinnern, den Ihr gefangen haltet?› Hier erstickten die Tränen weitere Worte. Ich strengte mich an, etwas zu sagen, brachte aber nur wirre Sätze heraus, an die ich mich nicht mehr erinnere, denn meine Dame nahm auch mein Gedächtnis mit sich fort. Ach, wer Euch erzählen könnte, wie sie weinte und klagte, aber alles schien mir noch zu wenig! Sie sagte mir tausend süße Worte, die mir immer noch in den Ohren klingen; endlich nahmen wir, um nicht ertappt zu werden, unter Tränen und Schluchzen Abschied voneinander, und mit einem Seufzer aus tiefster Seele schenkten wir einander zum Pfand eine innige Umarmung. Da sie mich in schwerer Bedrängnis und vom Tode gezeichnet sah, sagte sie zu mir: ‹Abindarráez, es reißt mir die Seele aus dem Leibe, mich von dir zu trennen, und ich spüre, daß es dir ebenso ergeht; deshalb will ich dein sein bis zum Tode, dein ist mein Herz, dein ist mein Leben, dein ist meine Ehre und mein Gut. Um dies zu bezeugen,

la muerte; tuyo es mi corazón, tuya es mi vida, mi honra y mi hacienda; y en testimonio de esto, llegada a Coín, donde ahora voy con mi padre, en teniendo lugar de hablarte o por ausencia o indisposición suya, que ya deseo, yo te avisaré. Irás donde yo estuviere y allí yo te daré lo que solamente llevo conmigo, debajo de nombre de esposo, que de otra suerte ni tu lealtad ni mi ser lo consentirían, que todo lo demás muchos días ha que es tuyo.› Con esta promesa mi corazón se sosegó algo y beséla las manos por la merced que me prometía. Ellos se partieron otro día; yo quedé como quien, caminando por unas fragosas y ásperas montañas, se le eclipsa el sol. Comencé a sentir su ausencia ásperamente buscando falsos remedios contra ella. Miraba las ventanas do se solía poner, las aguas do se bañaba, la cámara en que dormía, el jardín do reposaba la siesta. Andaba todas sus estaciones, y en todas ellas hallaba reprensentación de mi fatiga.

Verdad es que la esperanza que me dio de llamarme me sostenía, y con ella engañaba parte de mis trabajos, aunque algunas veces de verla alargar tanto me causaba mayor pena y holgara que me dejara del todo desesperado, porque la desesperación fatiga hasta que se tiene por cierta, y la esperanza hasta que se cumple el deseo. Quiso mi ventura que esta mañana mi señora me cumplió su palabra enviándome a llamar con una criada suya, de quien se fiaba, porque su padre era partido para Granada, llamado del Rey, para volver luego. Yo, resucitado con esta buena nueva, apercebíme, y dejando venir la noche por salir más secreto, púseme en el hábito que me encontrastes por mostrar a mi señora el alegría de mi corazón; y por cierto no creyera yo que bastaran cien caballeros juntos a tenerme campo porque traía mi señora comigo, y si tú me

werde ich dich von Coín aus benachrichtigen, wohin ich jetzt mit meinem Vater gehe, sobald er einmal abwesend oder unpäßlich ist, was ich jetzt schon wünsche, und sich so eine Gelegenheit ergibt, mit dir zu sprechen. Du sollst dann zu mir kommen, und ich werde dir schenken, was mir allein gehört, aber nur als meinem angetrauten Gemahl, denn anders würde es meine Wesensart nicht zulassen, und deine Auffassung von Treue und Ehre auch nicht; – alles andere ist ohnehin längst dein.› Mit dieser Zusicherung beruhigte sich mein Gemüt ein wenig, und ich küßte ihr die Hände zum Dank für die verheißene Gnade. Am andern Tag reisten die beiden ab; mir war, als wanderte ich über gefährliche felsige Berge, und plötzlich verfinsterte sich die Sonne. Ihre Abwesenheit schmerzte mich immer bohrender und stechender, und ich suchte lauter falsche Heilmittel dagegen. Ich betrachtete die Fenster, wo sie gesessen, das Wasser, worin sie gebadet, das Zimmer, wo sie geschlafen, den Garten, wo sie nachmittags geruht hatte. Ich ging auf ihren Spuren und stieß überall auf die quälenden Bilder meines Kreuzwegs. Wahr ist, daß sie mir die Hoffnung gegeben hatte, mich zu sich zu rufen; das hielt mich aufrecht und schien meine Qual bisweilen zu erleichtern, aber wie ich sah, daß das Warten sich hinzog, verschlimmerte sich meine Pein wieder, und ich wäre am liebsten ganz verzweifelt, denn die Verzweiflung zehrt nur so lange an den Kräften, bis sie zur Gewißheit wird, die Hoffnung aber, bis sich der Wunsch erfüllt. Mein Glück wollte es, daß meine Herrin heute morgen ihr Wort hielt: sie schickte eine vertraute Dienerin zu mir, um mich zu sich zu rufen; ihr Vater sei auf Befehl des Königs nach Granada verreist, werde aber bald zurückkehren. Bei dieser guten Nachricht lebte ich auf und machte mich bereit; um heimlicher fortzukommen, wartete ich die Nacht ab und legte das rote Gewand an, in dem ihr mich angetroffen habt, um meiner Herrin die Freude meines Herzens zu bekunden. Tatsächlich glaubte ich, daß nicht einmal hundert Ritter zusammen genügt hätten, es mit mir aufzunehmen: ich trug ja meine Herrin bei mir; wenn du mich besiegt hast, so verdankst du das nicht deiner Kraft, denn das ist unmöglich;

venciste, no fue por esfuerzo, que no es posible, sino porque mi corta suerte o la determinación del cielo quisieron atajarme tanto bien. Así que considera tú ahora en el fin de mis palabras el bien que perdí y el mal que tengo. Yo iba de Cártama a Coín, breve jornada, aunque el deseo la alargaba mucho, el más ufano Abencerraje que nunca se vio: iba a llamado de mi señora, a ver a mi señora, a gozar de mi señora y a casarme con mi señora. Véome ahora herido, captivo y vencido y lo que más siento, que el término y coyuntura de mi bien se acaba esta noche. Déjame, pues, cristiano, consolar entre mis sospiros, y no los juzgues a flaqueza, pues lo fuera muy mayor tener ánimo para sufrir tan riguroso trance.

Rodrigo de Narváez quedó espantado y apiadado del estraño acontecimiento del moro y pareciéndole que para su negocio ninguna cosa le podría dañar más que la dilación, le dijo:

– Abindarráez, quiero que veas que puede más mi virtud que tu ruin fortuna. Si tú me prometes como caballero de volver a mi prisión dentro de tercero día, yo te daré libertad para que sigas tu camino, porque me pesaría de atajarte tan buena empresa.

El moro, cuando lo oyó, se quiso de contento echar a sus pies y le dijo:

– Rodrigo de Narváez, si vos eso hacéis, habréis hecho la mayor gentileza de corazón que nunca hombre hizo, y a mí me daréis la vida. Y para lo que pedís, tomad de mí la seguridad que quisiéredes, que yo lo cumpliré.

El alcaide llamó a sus escuderos y les dijo:

– Señores, fiad de mí este prisionero, que yo salgo fiador de su rescate.

Ellos dijeron que ordenase a su voluntad. Y tomando la mano derecha entre las dos suyas al moro, le dijo:

vielmehr wollte mein kurzes Glück oder der Ratschluß des Himmels mir so großes Gut verwehren. Bedenke nun also selbst das Ende meiner Rede: das Glück, das ich verliere, und das Unglück, das ich habe. Ich war auf dem Weg von Cártama nach Coín, eine knappe Tagesreise, obwohl die Sehnsucht sie länger machte, einen wonneseligeren Abencerraje hat es nie gegeben: ich folgte dem Ruf meiner Herrin, ich war auf dem Weg, meine Herrin zu sehen, meine Herrin zu genießen, mich mit meiner Herrin zu vermählen. Jetzt bin ich verwundet, gefangen und besiegt; am meisten bedrückt mich jedoch, daß die Frist für meine Sternstunde heute nacht abläuft. Laß mich also Trost in meinen Seufzern finden, Christ, lege sie nicht als Schwäche aus; es wäre eine viel größere Schwäche, Kraft zu haben, ein so grausames Schicksal zu ertragen.»

Rodrigo de Narváez war bestürzt und ergriffen von den ungewöhnlichen Erlebnissen des Mauren, und da ihm schien, nichts könne für sein Vorhaben schädlicher sein als der Verzug, sagte er zu ihm:

«Abindarráez, ich will dir beweisen, daß meine Rittertugend stärker ist als dein widriges Schicksal. Wenn du mir gelobst, binnen drei Tagen zu mir in die Gefangenschaft zurückzukehren, so schenke ich dir die Freiheit, deines Weges zu gehen, denn es wäre mir unerträglich, ein so gutes Unterfangen zu vereiteln.»

Als der Maure das hörte, wollte er sich ihm vor Freude zu Füßen werfen und sagte zu ihm:

«Rodrigo de Narváez, wenn Ihr das gestattet, so vollbringt Ihr die großmütigste Herzenstat, die je ein Mensch geleistet hat, und mir schenkt Ihr das Leben. Verlangt von mir an Sicherheiten, was Ihr wollt, ich werde allen Euren Forderungen nachkommen.»

Der Statthalter rief seine Knappen und sagte zu ihnen:

«Meine Herren, überlaßt mir diesen Gefangenen, ich bürge für sein Lösegeld.»

Sie antworteten ihm, er solle befehlen, was ihm beliebe. Dann faßte er mit seinen beiden Händen die rechte des Mauren und sagte zu ihm:

– ¿Vos prometéisme, como caballero, de volver a mi castillo de Álora a ser mi prisionero dentro de tercero día?

Él le dijo:

– Sí prometo.

– Pues id con la buena ventura y si para vuestro negocio tenéis necesidad de mi persona o de otra cosa alguna, también se hará.

Y diciendo que se lo agradecía, se fue camino de Coín a mucha priesa. Rodrigo de Narváez y sus escuderos se volvieron a Álora hablando en la valentía y buena manera del moro.

Y con la priesa que el Abencerraje llevaba, no tardó mucho en llegar a Coín, yéndose derecho a la fortaleza. Como le era mandado, no paró hasta que halló una puerta que en ella había, y deteniéndose allí, comenzó a reconocer el campo por ver si había algo de que guardarse y viendo que estaba todo seguro, tocó en ella con el cuento de la lanza, que ésta era la señal que le había dado la dueña. Luego ella misma le abrió y le dijo:

– ¿En qué os habéis detenido, señor mío? Que vuestra tardanza nos ha puesto en gran confusión. Mi señora ha rato que os espera; apeaos y subiréis donde está.

Él se apeó y puso su caballo en un lugar secreto que allí halló. Y dejando lanza con su darga y cimitarra, llevándole la dueña por la mano lo más paso que pudo por no ser sentido de la gente del castillo, subió por una escalera hasta llegar al aposento de la hermosa Jarifa, que así se llamaba la dama. Ella, que ya había sentido su venida, con los brazos abiertos le salió a recebir. Ambos se abrazaron sin hablarse palabra del sobrado contentamiento. Y la dama le dijo:

– ¿En qué os habéis detenido, señor mío? Que vuestra tardanza me ha puesto en gran congoja y sobresalto.

«Versprecht Ihr mir bei Eurem Ritterwort, binnen drei Tagen als mein Gefangener auf meine Burg in Álora zurückzukehren?»

Er antwortete:

«Ich verspreche es.»

«So geht mit Glück, und falls Ihr für Euer Vorhaben meiner Person bedürft oder sonst irgendetwas braucht, so wird Euch auch das gewährt.»

Mit Dankesworten machte er sich sogleich eiligst auf den Weg nach Coín. Rodrigo de Narváez und seine Schildknappen ritten nach Álora zurück, des Lobes voll über die Tapferkeit und die vorbildliche Haltung des Mauren.

Der Abencerraje ritt so schnell, daß er in kurzer Zeit in Coín anlangte und sich geradewegs zur Festung begab. Wie ihm befohlen war, stand er nirgends still, bis er ein Tor in der Mauer fand; dort hielt er an, schaute über das Land, ob er etwas gewahr werde, wovor er sich hüten müßte; als er sich vergewissert hatte, daß alles ruhig war, klopfte er mit dem Lanzenknauf an, denn dieses Zeichen hatte ihm die Dienerin gegeben. Sie selbst öffnete ihm und sagte:

«Warum kommt Ihr so spät, mein Herr? Euer Säumen hat uns in große Unruhe versetzt. Seit geraumer Zeit schon erwartet Euch meine Herrin. Steigt ab, und geht zu ihr hinauf.»

Er schwang sich vom Pferd und führte es in ein Versteck, das er dort fand. Lanze, Schild und Krummsäbel legte er ab und ließ sich an der Hand der Dienerin so leise wie möglich, damit niemand in der Burg sie höre, eine Treppe hinauf zum Schlafzimmer der schönen Jarifa führen, denn so hieß die Dame.

Sie hatte sein Kommen schon gehört und trat ihm mit offenen Armen entgegen. Ueberglücklich umarmten sie einander und konnten kein Wort reden. Endlich sagte die Dame:

«Wie konntet Ihr Euch nur so verspäten, mein Herr? Euer Säumen hat mich in große Angst und Erregung versetzt.»

– Mi señora – dijo él –, vos sabéis bien que por mi negligencia no habrá sido, mas no siempre suceden las cosas como los hombres desean.

Ella le tomó por la mano y le metió en una cámara secreta. Y sentándose sobre una cama que en ella había, le dijo:

– He querido, Abindarráez, que veáis en qué manera cumplen las captivas de amor sus palabras, porque desde el día que os la di por prenda de mi corazón, he buscado aparejos para quitárosla. Yo os mandé venir a este mi castillo a ser mi prisionero, como yo lo soy vuestra, y haceros señor de mi persona y de la hacienda de mi padre debajo de nombre de esposo, aunque esto, según entiendo, será muy contra su voluntad, que como no tiene tanto conocimiento de vuestro valor y experiencia de vuestra virtud como yo, quisiera darme marido más rico, mas yo vuestra persona y mi contentamiento tengo por la mayor riqueza del mundo.

Y diciendo esto bajó la cabeza mostrando un cierto empacho de haberse descubierto tanto. El moro la tomó entre sus brazos y besándola muchas veces las manos por la merced que le hacía, la dijo:

– Señora mía, en pago de tanto bien como me habéis ofrecido, no tengo qué daros que no sea vuestro, sino sola esta prenda en señal que os recibo por mi señora y esposa.

Y llamando a la dueña se desposaron. Y siendo desposados se acostaron en su cama, donde con la nueva experiencia encendieron más el fuego de sus corazones. En esta conquista pasaron muy amorosas obras y palabras, que son más para contemplación que para escriptura.

Tras esto, al moro vino un profundo pensamiento, y dejando llevarse de él, dio un gran sospiro. La dama, no pudiendo sufrir tan grande

«Meine Herrin», antwortete er, «Ihr wißt sicher, daß es nicht aus Nachlässigkeit geschah, aber die Ereignisse spielen sich nicht immer so ab, wie die Menschen es wünschen.»

Sie nahm ihn bei der Hand und führte ihn in ein geheimes Gemach. Darin stand ein Bett, und nachdem sie sich darauf gesetzt hatten, sagte Jarifa:

«Ich wollte Euch zeigen, Abindarráez, wie die Gefangenen der Liebe ihr Wort halten, denn seit dem Tag, da ich es Euch als Pfand gab, habe ich Mittel und Wege gesucht, es auszulösen. Ich habe Euch meinen Auftrag zukommen lassen, zu mir auf meine Burg zu kommen, um mein Gefangener zu sein, wie ich Eure Gefangene bin, und ich will Euch zum Herrn über meine Person und die Habe meines Vaters machen, allerdings unter der Bedingung, daß Ihr mein Gemahl seid, obwohl das, wie ich vermute, ganz gegen den Willen meines Vaters ist, denn er kennt Euren Wert nicht und weiß über Eure Tugend nicht so gut Bescheid wie ich und möchte mir darum einen reicheren Ehemann geben, ich hingegen halte Eure Person und mein Glück für den größten Reichtum der Welt.»

Während sie so redete, senkte sie den Kopf und schien verwirrt, weil sie sich so offen erklärt hatte. Der Maure nahm sie in die Arme und küßte ihr viele Male die Hände zum Dank für die Gunst, die sie ihm gewährt hatte; dann sagte er:

«Meine Herrin, ich habe nichts, was nicht schon Euer wäre, womit ich Euch all das Wunderbare entgelten könnte, das Ihr mir anbietet, außer diesem Unterpfand – es sei das Zeichen, daß ich Euch als Herrin und Gemahlin erkenne.»

Sie riefen die Dienerin und gaben sich vor ihr das Jawort. Nach der Vermählung legten sie sich zu Bett, und mit der neuen Erfahrung loderte das Feuer ihrer Herzen erst recht auf. Innige Liebkosungen und zärtliche Worte tauschten sie bei ihrer gegenseitigen Eroberung aus, doch diese eignen sich besser zum Betrachten als zum Beschreiben.

Danach versank der Maure in tiefes Nachdenken, und wie er sich so ganz seinem Kummer überließ, stieß er einen tiefen Seufzer aus. Die Dame konnte solche Beleidigung ihrer

ofensa de su hermosura y voluntad, con gran fuerza de amor le volvió a sí y le dijo:

— ¿Qué es esto, Abindarráez? Parece que te has entristecido con mi alegría; yo te oyo sospirar revolviendo el cuerpo a todas partes.

Pues si yo soy todo tu bien y contentamiento como me decías, ¿por quién sospiras?; y si no lo soy, ¿por qué me engañaste? Si has hallado alguna falta en mi persona, pon los ojos en mi voluntad, que basta para encubrir muchas; y si sirves otra dama, dime quién es para que la sirva yo; y si tienes otro dolor secreto de que yo soy ofendida, dímelo, que o yo moriré o te libraré de él.

El Abencerraje, corrido de lo que había hecho y pareciéndole que no declararse era ocasión de gran sospecha, con un apasionado sospiro la dijo:

— Señora mía, si yo no os quisiera más que a mí, no hubiera hecho este sentimiento, porque el pesar que conmigo traía, sufríale con buen ánimo cuando iba por mí solo; mas ahora que me obliga a apartarme de vos, no tengo fuerzas para sufrirle, y así entenderéis que mis sospiros se causan más de sobra de lealtad que de falta de ella; y porque no estéis más suspensa sin saber de qué, quiero deciros lo que pasa.

Luego le contó todo lo que había sucedido y al cabo la dijo:

— De suerte, señora, que vuestro captivo lo es también del alcaide de Álora; yo no siento la pena de la prisión, que vos enseñastes mi corazón a sufrir, mas vivir sin vos tendría por la misma muerte.

La dama con buen semblante le dijo:

— No te congojes, Abindarráez, que yo tomo el remedio de tu rescate a mi cargo, porque a mí me cumple más. Yo digo así: que cualquier caballero que diere la palabra de volver a la prisión, cum-

Schönheit und ihrer Bereitwilligkeit nicht dulden, brachte ihn mit ihrer heftigen Liebe wieder zu sich und sagte zu ihm:

«Was hast du, Abindarráez? Es scheint, meine Freude hat dich traurig gemacht. Ich sehe, wie du dich seufzend nach allen Seiten drehst. Wenn ich dein ganzes Gut und Glück bin, wie du mir sagtest, um wen seufzest du? Und wenn ich es nicht bin, weshalb hast du mich betrogen? Wenn du an mir irgendeinen Mangel gefunden hast, so richte dein Augenmerk auf meinen guten Willen, der manchen Fehler verdecken kann. Wenn du einer andern Dame dienst, so sage mir, wer sie ist, damit ich ihr auch dienen kann. Wenn du sonst einen geheimen Kummer hast, mit dem ich beleidigt werde, so nenne ihn mir, denn ich will dich davon befreien oder sterben.»

Der Abencerraje merkte beschämt, was er getan hatte, und fand, wenn er sich nicht erkläre, gäbe er Anlaß zu schwerem Verdacht; darum sagte er mit einem qualvollen Seufzer:

«Meine Herrin, wenn ich Euch nicht mehr liebte als mich selbst, hätte sich mein Gemüt nicht so verdüstert, denn wäre ich allein, würde ich guten Mutes das Elend ertragen, mit dem ich gekommen bin; doch da es mich jetzt zwingt, mich von Euch zu trennen, habe ich die Kraft nicht mehr dazu, woraus Ihr ersehlt, daß meine Seufzer eher zu großem Pflichtbewußtsein entspringen als der Treulosigkeit. Damit Ihr nun nicht mehr länger im Ungewissen bleibt, will ich Euch erzählen, was geschehen ist.»

Dann schilderte er ihr alle seine Erlebnisse, und am Schluß sagte er:

«Somit, meine Herrin, ist also Euer Gefangener auch der Gefangene des Statthalters von Álora; ich fürchte zwar die Qualen der Gefangenschaft nicht, denn Ihr habt mich gelehrt, Schmerz zu ertragen, aber ohne Euch zu leben, wäre für mich dasselbe wie sterben.»

Mit heiterem Gesicht sagte die Dame zu ihm:

«Sorge dich nicht, Abindarráez, ich übernehme es, das Lösegeld für deine Freilassung zu beschaffen, denn das steht mir zu. Meine Meinung ist: ein Ritter, der ins Gefängnis zurückzukehren verspricht, hält sein Wort, wenn er das

plirá con enviar el rescate que se le puede pedir. Y para esto ponedle vos mismo el nombre que quisieredes, que yo tengo las llaves de las riquezas de mi padre; yo os las porné en vuestro poder; enviad de todo ello lo que os pareciere. Rodrigo de Narváez es buen caballero y os dio una vez libertad y le fiastes este negocio, que le obliga ahora a usar de mayor virtud. Yo creo que se contentará con esto, pues teniéndoos en su poder ha de hacer lo mismo.

El Abencerraje la respondió:

— Bien parece, señora mía, que lo mucho que me queréis no os deja que me aconsejéis bien; por cierto no cairé yo en tan gran yerro, porque si cuando venía a verme con vos, que iba por mí solo, estaba obligado a cumplir mi palabra, ahora, que soy vuestro, se me ha doblado la obligación. Yo volveré a Álora y me porné en las manos del alcaide de ella y, tras hacer yo lo que debo, haga él lo que quisiere.

— Pues nunca Dios quiera — dijo Jarifa — que, yendo vos a ser preso, quede yo libre, pues no lo soy. Yo quiero acompañaros en esta jornada, que ni el amor que os tengo ni el miedo que he cobrado a mi padre de haberle ofendido, me consentirán hacer otra cosa.

El moro, llorando de contentamiento, la abrazó y le dijo:

— Siempre vais, señora mía, acrecentándome las mercedes; hágase lo que vos quisieredes, que así lo quiero yo.

Y con este acuerdo, aparejando lo necesario, otro día de mañana se partieron llevando la dama el rostro cubierto por no ser conocida.

Pues yendo por su camino adelante, hablando en diversas cosas, toparon un hombre viejo; la dama le preguntó dónde iba. Él la dijo:

— Voy a Álora a negocios que tengo con el al-

Lösegeld schickt, das von ihm verlangt werden kann. Nennt mir also eine beliebige Summe, denn ich habe die Schlüssel zur Schatzkammer meines Vaters und stelle Euch seinen ganzen Reichtum zur Verfügung; schickt davon, soviel Euch richtig scheint. Rodrigo de Narváez ist ein edler Ritter, und er hat Euch schon einmal die Freiheit geschenkt; Ihr bürgt ihm für diesen Handel, der ihn nun zu höchster Ehrenhaftigkeit verpflichtet. Ich glaube, er wird sich damit zufrieden geben, denn er muß gleich handeln, wenn er Euch in seiner Gewalt hat.»

Der Abencerraje antwortete ihr:

«Es ist schön, meine Herrin, daß Eure große Liebe zu mir Euch nicht hindert, mich gut zu beraten; aber ganz gewiß werde ich nicht in einen so schweren Irrtum verfallen! Als ich nämlich hierher kam, um mich mit Euch zu treffen, war ich allein und war verpflichtet, mein Wort zu halten; jetzt da ich der Eure bin, hat sich meine Verpflichtung verdoppelt. Ich werde nach Álora zurückkehren und mich in die Hände ihres Statthalters begeben; nachdem ich dann getan habe, wozu ich verpflichtet bin, soll er tun, was ihm beliebt.»

«Nie wolle Gott», sagte Jarifa, «daß Ihr Euch in Gefangenschaft begebt, derweil ich in Freiheit zurückbleibe, denn ich bin nicht frei. Ich will Euch auf dieser Reise begleiten, denn weder meine Liebe zu Euch noch meine Furcht vor dem Vater, den ich beleidigt habe, lassen etwas anderes zu.»

Der Maure weinte vor Glückseligkeit, umarmte sie und sagte:

«Ihr überhäuft mich mit immer noch mehr Gunstbezeugungen; es soll geschehen, wie Ihr es wünscht, denn das entspricht auch meinem Wunsch.»

Nachdem sie sich also einig waren, richteten sie das Nötigste her und reisten am andern Morgen ab. Die Dame hatte ihr Gesicht verhüllt, um nicht erkannt zu werden.

Als sie so des Weges ritten und über dies und das redeten, begegneten sie zufällig einem alten Mann, und die Dame fragte ihn, wohin er gehe. Er antwortete:

«Ich bin auf dem Weg nach Álora, um einige Geschäfte

caide de ella, que es el más honrado y virtuoso caballero que yo jamás vi.

Jarifa se holgó mucho de oír esto, pareciéndole que pues todos hallaban tanta virtud en este caballero, que también la hallarían ellos, que tan necesitados estaban de ella. Y volviendo al caminante le dijo:

— Decid, hermano: ¿sabéis vos de ese caballero alguna cosa que haya hecho notable?

— Muchas sé — dijo él —, mas contaros he una por donde entenderéis todas las demás. Este caballero fue primero alcaide de Antequera, y allí anduvo mucho tiempo enamorado de una dama muy hermosa, en cuyo servicio hizo mil gentilezas que son largas de contar; y aunque ella conocía el valor de este caballero, amaba a su marido tanto que hacía poco caso de él. Aconteció así, que un día de verano, acabando de cenar, ella y su marido se bajaron a una huerta que tenía dentro de casa; y él llevaba un gavilán en la mano y lanzándole a unos pájaros, ellos huyeron y fuéronse a socorrer a una zarza; y el gavilán como astuto tirando el cuerpo afuera metió la mano y sacó y mató muchos de ellos. El caballero le cebó y volvió a la dama y la dijo: ‹¿Qué os parece, señora, del astucia con que el gavilán encerró los pájaros y los mató? Pues hágoos saber que cuando el alcaide de Álora escaramuza con los moros, así los sigue y así los mata.› Ella, fingiendo no le conocer, le preguntó quién era. ‹Es el más valiente y virtuoso caballero que yo hasta hoy vi.› Y comenzó a hablar de él muy altamente, tanto que a la dama le vino un cierto arrepentimiento y dijo: ‹¡Pues cómo! ¿Los hombres están enamorados de este caballero, y que no lo esté yo de él, estándolo él de mí? Por cierto, yo estaré bien disculpada de lo que por él hiciere, pues mi marido me ha informado de su derecho.› Otro día adelante se ofreció que el marido fue fuera de la

mit dem dortigen Statthalter zu erledigen; er ist der edelste und vortrefflichste Ritter, den ich jemals gesehen habe.»

Jarifa freute sich sehr, solches zu hören, und nahm an, wenn alle Leute so viel Edelmut an dem Ritter fanden, würden auch sie dessen teilhaftig werden, die seiner so sehr bedurften. Sich wieder an den Wanderer wendend, fragte sie:

«Sagt, Bruder, wißt Ihr von irgendeiner bedeutenden Tat, die dieser Ritter vollbracht hat?»

«Viele weiß ich», sagte er, «aber ich will Euch nur eine erzählen, an der Ihr alle andern erkennen könnt. Dieser Ritter war zuerst Statthalter von Antequera; dort war er lange Zeit in eine schöne Dame verliebt, in deren Diensten er tausenderlei Liebenswürdigkeiten erfand, die zu erzählen zu weit führen würde; obwohl sie sich über den Wert des Ritters im klaren war, liebte sie ihren Gemahl so sehr, daß sie jenen kaum beachtete. An einem Sommerabend nun begab es sich, daß sie mit ihrem Gemahl nach dem Essen in einen Baumgarten hinunterging, der zu ihrem Anwesen gehörte. Er trug einen Sperber auf der Hand und ließ ihn auf die Vögel los; die flogen davon und flüchteten sich in einen Dornbusch. Der Sperber war schlau genug, seinen Körper draußen zu halten, er streckte nur die Fänge hinein, zog viele heraus und tötete sie. Der Ritter holte ihn mit einem Köder zurück und sagte zur Dame gewandt: ‹Was meint Ihr, meine Herrin, zur Schlauheit, mit welcher der Sperber die Vögel ins Gebüsch lockte und sie dann tötete? So wißt denn, daß der Statthalter von Álora im Kampf mit den Mauren ebenso verfährt, sie ebenso verfolgt und ebenso tötet.› Sie tat, als kenne sie ihn nicht, und fragte, wer er sei. ‹Er ist der tapferste und vortrefflichste Ritter, den ich jemals gesehen habe.› Er sprach mit so hohem Lob von ihm, daß die Dame auf einmal Reue empfand und sagte: ‹Wie ist das möglich? Die Männer sind verliebt in diesen Ritter, und ich bin es nicht, obwohl er mir seine Liebe beweist? Allerdings wäre ich für alles voll entschuldigt, was ich für ihn täte, denn mein eigener Gemahl gibt mir mit seiner Auskunft die Berechtigung dazu.› An einem späteren Tag begab es sich, daß der Gemahl

ciudad y no pudiendo la dama sufrirse en sí, envióle llamar con una criada suya. Rodrigo de Narváez estuvo en poco de tornarse loco de placer, aunque no dio crédito a ello acordándosele de la aspereza que siempre le había mostrado. Mas con todo eso, a la hora concertada, muy a recado fue a ver la dama, que le estaba esperando en un lugar secreto, y allí ella echó de ver el yerro que había hecho y la vergüenza que pasaba en requerir aquel de quien tanto tiempo había sido requerida; pensaba también en la fama, que descubre todas las cosas; temía la inconstancia de los hombres y la ofensa del marido; y todos estos inconvenientes, como suelen, aprovecharon de vencerla más, y pasando por todos ellos, le recibió dulcemente y le metió en su cámara, donde pasaron muy dulces palabras y en fin de ellas le dijo: ‹Señor Rodrigo de Narváez, yo soy vuestra de aquí adelante, sin que en mi poder quede cosa que no lo sea; y esto no lo agradezcáis a mí, que todas vuestras pasiones y diligencias falsas o verdaderas os aprovecharan poco comigo, mas agradeceldo a mi marido, que tales cosas me dijo de vos, que me han puesto en el estado en que ahora estoy.› Tras esto le contó cuanto con su marido había pasado, y al cabo le dijo: ‹Y cierto, señor, vos debéis a mi marido más que él a vos.› Pudieron tanto estas palabras con Rodrigo de Narváez, que le causaron confusión y arrepentimiento del mal que hacía a quien de él decía tantos bienes y apartándose afuera, dijo: ‹Por cierto, señora, yo os quiero mucho y os querré de aquí adelante, mas nunca Dios quiera que a hombre que tan aficionadamente ha hablado de mí, haga yo tan cruel daño. Antes, de hoy más, he de procurar la honra de vuestro marido como la mía propria, pues en ninguna cosa le puedo pagar mejor el bien que de mí dijo.› Y sin aguardar más, se volvió por donde había venido. La dama debió de quedar burlada; y cierto, señores, el caba-

aus der Stadt wegreiste, und da die Dame nicht mehr an sich halten konnte, schickte sie eine Dienerin zu ihm. Rodrigo de Narváez wurde fast wahnsinnig vor Glück, schenkte aber dem allem keinen Glauben, denn er erinnerte sich, wie spröde ihm die Dame immer begegnet war. Trotzdem ging er zur festgesetzten Stunde in aller Heimlichkeit zu dem Versteck, wo die Dame auf ihn wartete. Dort merkte sie sofort, was für einen Fehler sie begangen hatte und wie sie sich schämen mußte, den zu begehren, der sie so lange begehrt hatte. Sie dachte auch an das Gerede, das alles an den Tag bringt; sie fürchtete den Wankelmut der Männer und die Verletzung ihres Gemahls. Wie es meistens geschieht, bekamen diese Bedenken schließlich Oberhand, und nachdem sie alles abgewogen hatte, empfing sie ihn sehr liebenswürdig, führte ihn in ihr Gemach, wo sie süße Worte wechselten, aber am Ende sagte sie zu ihm: ‹Mein Herr Rodrigo de Narváez, ich bin von jetzt an die Eure, und in meinem Besitz verbleibt nichts, was es nicht schon wäre; das habt Ihr aber nicht mir zu danken, denn Eure ganze Leidenschaft und alle Eure Liebesbezeugungen – ob echt oder falsch – fruchteten wenig bei mir; dankt es vielmehr meinem Gatten, der mir so Großartiges von Euch erzählte, daß ich in den Zustand versetzt wurde, in dem ich mich jetzt befinde.› Dann erzählte sie ihm den ganzen Vorfall mit ihrem Gemahl und schloß ihre Rede: ‹Gewiß, mein Herr, Ihr verdankt meinem Gemahl mehr als er Euch.› Diese Worte beeindruckten Rodrigo de Narváez so tief, daß sie ihn ganz verwirrten, und er bereute nun, ausgerechnet dem Manne Leid zuzufügen, der so viel Gutes von ihm sagte. Er wandte sich weg und sagte: ‹Gewiß, meine Herrin, ich liebe Euch sehr, und ich werde Euch auch in Zukunft lieben, aber nie lasse Gott es zu, daß ich dem Manne grausames Leid zufüge, der so begeistert von mir spricht. Vielmehr habe ich von jetzt an auf die Ehre Eures Gemahls ebenso zu achten wie auf meine eigene, denn besser als so kann ich ihm nicht entgelten, was er Gutes von mir sagte.› Und ohne eine Antwort abzuwarten, ging er, woher er gekommen war. Die Dame muß sich wohl sehr genarrt vorgekommen sein! Immerhin, meine Herrschaften, mich

llero a mi parecer usó de gran virtud y valentía, pues venció su misma voluntad.

El Abencerraje y su dama quedaron admirados del cuento y alabándole mucho él dijo que nunca mayor virtud había visto de hombre. Ella respondió:

— Por Dios, señor, yo no quisiera servidor tan virtuoso, mas él debía estar poco enamorado, pues tan presto se salió afuera y pudo más con él la honra del marido que la hermosura de la mujer.

Y sobre esto dijo otras muy graciosas palabras.

Luego llegaron a la fortaleza y llamando a la puerta, fue abierta por las guardas, que ya tenían noticia de lo pasado. Y yendo un hombre corriendo a llamar al alcaide, le dijo:

— Señor, en el castillo está el moro que venciste, y trae consigo una gentil dama.

Al alcaide le dio el corazón lo que podía ser y bajó abajo. El Abencerraje, tomando su esposa de la mano, se fue a él y le dijo:

— Rodrigo de Narváez, mira si te cumplo bien mi palabra, pues te prometí de traer un preso y te trayo dos, que el uno basta para vencer otros muchos. Ves aquí mi señora; juzga si he padecido con justa causa. Recíbenos por tuyos, que yo fío mi señora y mi honra de ti.

Rodrigo de Narváez holgó mucho de verlos y dijo a la dama:

— Yo no sé cuál de vosotros debe más al otro, mas yo debo mucho a los dos. Entrad y reposaréis en vuestra casa; y tenelda de aquí adelante por tal, pues lo es su dueño.

Y con esto se fueron a un aposento que les estaba aparejado, y de ahí a poco comieron, porque venían cansados del camino. Y el alcaide preguntó al Abencerraje:

— Señor, ¿qué tal venís de la heridas?

— Paréceme, señor, que con el camino las trayo enconadas y con algún dolor.

dünkt, der Ritter bewies große Tugend und Tapferkeit, besiegte er doch seine eigene Begierde.»

Der Abencerraje und seine Dame bewunderten die Geschichte sehr und lobten ihn dafür, worauf er sagte, er habe noch nie so große Tugend bei einem Mann erlebt. Die Dame antwortete:

«Bei Gott, mein Herr, einen so tugendhaften Mann möchte ich nicht zum Diener haben, schien er doch nicht allzu verliebt zu sein, wenn er so schnell wegging und der Ehre des Ehemanns Vorrang vor der Schönheit der Frau gab.»

Dazu machte sie noch weitere witzige Bemerkungen.

Bald gelangten sie zur Festung und klopften an; es wurde ihnen aufgetan, denn die Wächter wußten bereits Bescheid, und einer eilte zum Statthalter und sagte zu ihm:

«Herr, der Maure, den du besiegt hast, ist hier in der Burg, und bei ihm eine vornehme Dame!»

Der Statthalter ahnte, um wen es sich handeln könnte, und ging hinunter. Der Abencerraje nahm seine Gemahlin bei der Hand, ging auf ihn zu und sagte:

«Rodrigo de Narváez, schau, wie gut ich mein Wort halte; ich versprach dir, einen Gefangenen zurückzubringen, und bringe dir zwei, obwohl einer genügt, viele andere zu besiegen. Du siehst hier meine Gemahlin, urteile selbst, ob ich guten Grund hatte zu leiden. Nimm uns als die deinen auf; ich vertraue meine Gemahlin und meine Ehre dir an.»

Rodrigo de Narváez freute sich sehr, sie zu sehen und sagte zu der Dame:

«Ich weiß nicht, wer von euch beiden dem andern mehr verdankt, aber ich verdanke euch beiden viel. Kommt herein, und ruht euch in meinem Haus aus. Betrachtet es fortan als das eure, denn auch sein Besitzer ist der eure.»

Damit führte er sie in ein Gemach, das für sie hergerichtet war, und bald nachher aßen sie, denn sie waren ermüdet von der Reise. Dabei fragte der Statthalter den Abencerraje:

«Herr, wie steht es um Eure Wunden?»

«Mir scheint, Herr, sie sind durch den Ritt etwas entzündet, und sie schmerzen mich ein wenig.»

La hermosa Jarifa muy alterada dijo:

– ¿Qué es esto, señor? ¿Heridas tenéis vos de que yo no sepa?

– Señora, quien escapó de las vuestras, en poco terná otras; verdad es que de las escaramuzas de la otra noche saqué dos pequeñas heridas, y el camino y no haberme curado me habrán hecho algún daño.

– Bien será – dijo el alcaide – que os acostéis y verná un zurujano que hay en el castillo.

Luego la hermosa Jarifa le comenzó a desnudar con grande alteración; y viniendo el maestro y viéndole, dijo que no era nada, y con un ungüento que le puso, le quitó el dolor y de ahí a tres días estuvo sano.

Un día acaeció que, acabando de comer, el Abencerraje dijo estas palabras:

– Rodrigo de Narváez, según eres discreto, en la manera de nuestra venida entenderás lo demás. Yo tengo esperanza que este negocio, que está tan dañado, se ha de remediar por tus manos. Esta dueña es la hermosa Jarifa, de quien te hube dicho es mi señora y mi esposa; no quiso quedar en Coín de miedo de haber ofendido a su padre; todavía se teme de este caso. Bien sé que por tu virtud te ama el Rey, aunque eres cristiano; suplícote alcances de él que nos perdone su padre por haber hecho esto sin que él lo supiese, pues la fortuna lo trajo por este camino.

El alcaide les dijo:

– Consolaos, que yo os prometo de hacer en ello cuanto pudiere.

Y tomando tinta y papel escribió una carta al Rey, que decía así:

*Muy alto y muy poderoso Rey de Granada:*
*Rodrigo de Narváez, alcaide de Álora, tu servidor,*
*beso tus reales manos y digo así: que el Aben-*
*cerraje Abindarráez el mozo, que nació en Gra-*

Die schöne Jarifa fuhr erzürnt auf:

«Was ist das, mein Gemahl? Ihr seid verwundet, und ich weiß nichts davon?»

«Herrin, wer Euren Verwundungen entkam, achtet wenig auf andere. Wahr ist, daß ich bei den Gefechten der letzten Nacht zwei kleine Wunden erhalten habe, und weil sie nicht versorgt wurden, hat ihnen der Ritt wohl etwas geschadet.»

«Es wird gut sein», sagte der Statthalter, «daß Ihr Euch hinlegt und der Arzt Euch untersucht, den ich auf der Burg habe.»

Die schöne Jarifa entkleidete ihn sofort in höchster Erregung; nachdem der Wundarzt ihn untersucht hatte, sagte er, es sei nichts, rieb ihm eine Salbe zur Linderung der Schmerzen ein, und in drei Tagen war er wieder hergestellt.

Eines Abends nun trug es sich zu, daß der Abencerraje nach dem Essen folgende Worte an den Statthalter richtete:

«Rodrigo de Narváez, du bist so klug, daß du aus der Art, wie wir hierhergekommen sind, alles andere erkennen kannst. Ich habe große Hoffnung, daß unsere Angelegenheit, die so schlecht steht, sich durch deine Hände regeln läßt. Diese Dame ist die schöne Jarifa, von der ich dir gesagt habe, daß sie meine Herrin und Gemahlin ist; sie wollte nicht in Coín bleiben aus Angst, ihren Vater beleidigt zu haben; deswegen fürchtet sie sich immer noch vor ihm. Ich weiß wohl, daß dich der König um deiner Tugend willen liebt, obwohl du ein Christ bist; ich bitte dich, setze dich bei ihm für uns ein, daß ihr Vater uns verzeiht, weil wir ohne sein Wissen so gehandelt haben; aber das Schicksal hat es eben so gefügt.»

Der Statthalter antwortete darauf:

«Beruhigt euch, ich verspreche euch, alles zu tun, was ich vermag.»

Er nahm Tinte und Papier und schrieb dem König folgenden Brief:

*Erhabener und mächtiger König von Granada,*
*Rodrigo de Narváez, Statthalter von Álora, Dein Diener,*
*küßt Dir Deine königlichen Hände und richtet folgende Bitte*
*an Dich: der Abencerraje Abindarráez, der Junge, der in*

*nada y se crió en Cártama en poder del alcaide de ella, se enamoró de la hermosa Jarifa, su hija. Después tú, por hacer merced al alcaide, le pasaste a Coín. Los enamorados por asegurarse se desposaron entre sí. Y llamado él por ausencia del padre, que contigo tienes, yendo a su fortaleza, yo le encontré en el camino, y en cierta escaramuza que con él tuve, en que se mostró muy valiente, le gané por mi prisionero. Y contándome su caso, apiadándome de él, le hice libre por dos días; él se fue a ver a su esposa, de suerte que en la jornada perdió la libertad y ganó el amiga. Viendo ella que el Abencerraje volvía a mi prisión, se vino con él y así están ahora los dos en mi poder. Suplícote que no te ofenda el nombre de Abencerraje, que yo sé que este y su padre fueron sin culpa en la conjuración que contra tu real persona se hizo; y en testimonio de ello viven. Suplico a tu real alteza que el remedio de estos tristes se reparta entre ti y mí. Yo les perdonaré el rescate y les soltaré graciosamente; sólo harás tú que el padre de ella los perdone y reciba en su gracia. Y en esto cumplirás con tu grandeza y harás lo que de ella siempre esperé.*

Escripta la carta, despachó un escudero con ella, que llegado ante el Rey se la dio; el cual, sabiendo cúya era, se holgó mucho, que a este solo cristiano amaba por su virtud y buenas maneras.
Y como la leyó, volvió el rostro al alcaide de Coín, que allí estaba, y llamándole aparte le dijo:

– Lee esta carta que es del alcaide de Álora.

Y leyéndola recibió grande alteración. El Rey le dijo:

– No te congojes, aunque tengas por qué; sábete que ninguna cosa me pedirá el alcaide de Álora, que yo no lo haga. Y así te mando que vayas luego

Granada geboren wurde und in Cártama in der Obhut des dortigen Statthalters aufwuchs, verliebte sich in die schöne Jarifa, dessen Tochter. Später hast Du den Statthalter in Würdigung seiner Verdienste nach Coín versetzt. Um ihrer Liebe sicher zu sein, gaben sich die beiden das Eheversprechen. In Abwesenheit des Vater, der bei Dir in Granada weilt, wurde er zu ihr gerufen, und auf dem Weg dorthin begegnete ich ihm. Im Gefecht mit ihm, in dem er sich als sehr tapfer erwies, nahm ich ihn gefangen, aber als er mir seine Geschichte erzählte, erbarmte ich mich und ließ ihn für zwei Tage frei. Er ging zu seiner Verlobten, so daß er auf dieser Reise zwar seine Freiheit verlor, aber seine Geliebte gewann. Als sie erfuhr, daß der Abencerraje zu mir in die Gefangenschaft zurückkehren wollte, kam sie mit, und somit sind nun beide in meiner Gewalt. Ich bitte Dich, laß Dich vom Namen Abencerraje nicht beleidigen, denn ich weiß, daß er und sein Vater an der Verschwörung gegen Deine Königliche Person unschuldig waren; Zeugnis dafür ist, daß sie am Leben sind. Ich bitte Deine Königliche Hoheit, daß wir beide die Hilfe für dieses arme Paar unter uns aufteilen. Ich verzichte auf das Lösegeld und lasse sie großzügig frei; sorge Du dafür, daß Jarifas Vater ihnen verzeiht und sie in Gnade aufnimmt. So entspricht es Deiner Größe, und Du handelst, wie ich es immer von Dir erwartet habe.

Als der Brief fertig war, schickte er einen Knappen damit zum König, wo er auch vorgelassen wurde und ihn überreichen konnte. Wie der König erfuhr, von wem er kam, freute er sich sehr, denn diesen einen Christen liebte er sehr wegen seiner Vortrefflichkeit und edlen Art. Nachdem er ihn gelesen hatte, wandte er sich zum Statthalter von Coín um, der dort bei ihm stand, rief ihn beiseite und sagte zu ihm:

«Lies diesen Brief; er kommt vom Statthalter von Álora.»

Beim Lesen geriet dieser in große Entrüstung, aber der König sagte zu ihm:

«Erzürne dich nicht, obwohl du Grund dazu hast. Wisse, daß ich dem Statthalter von Álora keine einzige Bitte abschlagen kann. Darum befehle ich dir, dich sogleich zu ihm

a Álora y te veas con él y perdones tus hijos y los lleves a tu casa, que, en pago de este servicio, a ellos y a ti haré siempre merced.

El moro lo sintió en el alma, mas viendo que no podía pasar el mandamiento del Rey, volvió de buen continente y dijo que así lo haría, como su alteza lo mandaba.

Y luego se partió de Álora, donde ya sabían del escudero todo lo que había pasado y fue de todos recebido con mucho regocijo y alegría. El Abencerraje y su hija parecieron ante él con harta vergüenza y le besaron las manos. Él los recibió muy bien y les dijo:

— No se trate aquí de cosa pasada. Yo os perdono haberos casado sin mi voluntad, que en lo demás, vos, hija, escogistes mejor marido que yo os pudiera dar.

El alcaide todos aquellos días les hacía muchas fiestas; y una noche, acabando de cenar en un jardín, les dijo:

— Yo tengo en tanto haber sido parte para que este negocio haya venido a tan buen estado, que ninguna cosa me pudiera hacer más contento; y así digo que sola la honra de haberos tenido por mis prisioneros quiero por rescate de la prisión. De hoy más, vos, señor Abindarráez, sois libre de mí para hacer de vos lo que quisierdes.

Ellos le besaron las manos por la merced y bien que les hacía; y otro día por la mañana partieron de la fortaleza, acompañándolos el alcaide parte del camino.

Estando ya en Coín gozando sosegada y seguramente el bien que tanto habían deseado, el padre les dijo:

— Hijos, ahora que con mi voluntad sois señores de mi hacienda, es justo que mostréis el agradecimiento que a Rodrigo de Narváez se debe por la buena obra que os hizo, que no por haber usado

nach Álora zu begeben, deinen Kindern zu verzeihen und sie mit dir nach Hause zu nehmen; zum Lohn für diesen Dienst werde ich ihnen und dir stets meine Gunst erweisen.»

Den Mauren schmerzte es in tiefster Seele, aber da er nicht anders konnte, als sich dem Gebot des Königs zu fügen, faßte er sich und sagte, er werde tun, wie seine Hoheit ihm befehle.

Sogleich reiste er nach Álora, wo man vom Boten schon erfahren hatte, was alles geschehen war, und so wurde er mit Freude und Jubel empfangen. Seine Tochter und der Abencerraje traten reumütig und zerknirscht vor ihn und küßten ihm die Hände. Er empfing sie wohlwollend und sagte zu ihnen:

«Lassen wir das Vergangene vergangen sein. Ich verzeihe euch, daß ihr euch ohne meine Einwilligung vermählt habt; im übrigen hast du, meine Tochter, einen besseren Ehemann erwählt, als ich dir hätte geben können.»

Der Statthalter veranstaltete in den folgenden Tagen viele Feste für sie; als sie eines Abends, nachdem das Essen abgetragen worden war, in einem Garten beisammen saßen, sagte er zu ihnen:

«Ich bewerte es hoch, meinen Teil zum guten Ausgang dieser Angelegenheit beigetragen zu haben, und nichts sonst könnte mich so glücklich machen. Somit ist mir die Ehre, daß ihr meine Gefangenen gewesen seid, Lösegeld genug. Von heute an, Herr Abindarráez, seid Ihr frei, zu tun und zu lassen, was Ihr wollt.»

Sie küßten ihm die Hände zum Dank für die Gnade und Wohltat, die er ihnen erwies; am folgenden Morgen ritten sie weg, und der Statthalter begleitete sie noch ein Stück Weges.

In Coín genossen sie in Frieden und Sicherheit das Glück, wonach sie sich so lange gesehnt hatten, bis der Vater zu ihnen sagte:

«Meine Kinder, jetzt, da ihr mit meiner Einwilligung Herren über meinen Besitz seid, ist es recht und billig, daß ihr euch Rodrigo de Narváez gegenüber dankbar erweist für alles, was er Gutes an euch getan hat; denn nachdem er

con vosotros de tanta gentileza ha de perder su rescate, antes le merece muy mayor. Yo os quiero dar seis mil doblas zaenes; enviádselas y tenelde de aquí adelante por amigo, aunque las leyes sean diferentes.

Abindarráez le besó las manos, y tomándolas, con cuatro muy hermosos caballos y cuatro lanzas con los hierros y cuentos de oro, y otras cuatro dargas, las envió al alcaide de Álora y le escribió así:

*Si piensas, Rodrigo de Narváez, que con darme libertar en tu castillo para venirme al mío, me dejaste libre, engáñaste, que cuando libertaste mi cuerpo, prendiste mi corazón; las buenas obras, prisiones son de los nobles corazones. Y si tú por alcanzar honra y fama, acostumbras hacer bien a los que podrías destruir, yo, por parecer a aquellos donde vengo, y no degenerar de la alta sangre de los Abencerrajes, antes coger y meter en mis venas toda la que de ellos se vertió, estoy obligado a agradecerlo y servirlo. Recibirás de ese breve presente la voluntad de quien le envía, que es muy grande, y de mi Jarifa, otra tan limpia y leal que me contento yo de ella.*

El alcaide tuvo en mucho la grandeza y curiosidad del presente y recibiendo de él los caballos y lanzas y dargas, escribió a Jarifa así:

*Hermosa Jarifa:*
*No ha querido Abindarráez dejarme gozar del verdadero triumpho de su prisión, que consiste en perdonar y hacer bien; y como a mí en esta tierra nunca se me ofreció empresa tan generosa ni tan digna de capitán español, quisiera gozarla toda y labrar de ella una estatua para mi posteridad y descendencia. Los caballos y armas recibo*

sich so edel verhalten hat, soll er das Lösegeld nicht verlieren, das ihm zusteht, vielmehr verdient er ein viel höheres. Ich will euch sechstausend Dublonen aus feinstem Gold geben; schickt sie ihm, und gewinnt ihn fortan zum Freund, obwohl er einer anderen Religion angehört.»

Abindarráez küßte ihm die Hände, nahm das Gold entgegen und schickte es nebst vier prächtigen Pferden, vier Schilden und vier Lanzen mit goldenen Spitzen und Knaufen an den Statthalter von Álora. Dazu schrieb er folgenden Brief:

*Rodrigo de Narváez, wenn Du glaubst, Du hättest mir die Freiheit gegeben, als Du mich aus Deiner Burg entließest, um in meine zurückzukehren, so irrst Du, denn als Du meinen Leib freigabst, nahmst Du meine Seele gefangen; die guten Werke sind nämlich die Gefängnisse der edlen Seelen. Wenn Du, um Ehre und Ruhm zu erlangen, die Gewohnheit hast, denen Gutes zu tun, die Du vernichten könntest, so bin ich zu Dank und Dienst verpflichtet, um jenen ähnlich zu werden, von denen ich abstamme, und das herrliche Geschlecht der Abencerrajes nicht herabzuwürdigen, vielmehr all ihr vergossenes Blut in meinen Adern aufzufangen. Empfange mit diesem kleinen Geschenk den guten Willen des Spenders, der sehr groß ist, dazu den meiner Jarifa, der ebenso rein und ehrlich ist, worüber ich sehr glücklich bin.*

Der Statthalter fühlte sich durch diese reichen und selten schönen Geschenke sehr geehrt; er nahm Pferde, Lanzen und Schilde entgegen und schrieb folgenden Brief an Jarifa:

*Schöne Jarifa,*
*Abindarráez hat nicht zugelassen, daß ich den wahren Triumph aus seiner Gefangenschaft genieße, der darin besteht, zu verzeihen und Gutes zu tun. Da sich mir auf dieser Welt nie eine ebenso große und eines spanischen Edelmannes ebenso würdige Gelegenheit geboten hat wie diese, möchte ich sie auskosten und daraus ein Denkmal für die Nachwelt und meine Abkömmlinge schaffen. Pferde und Waffen neh-*

*yo para ayudarle a defender de sus enemigos. Y*
*si en enviarme el oro se mostró caballero gene-*
*roso, en recebirlo yo pareciera cobdicioso mercader;*
*yo os sirvo con ello en pago de la merced que me*
*hecistes en serviros de mí en mi castillo.*

*Y tam-*
*bien, señora, yo no acostumbro robar damas, sino*
*servirlas y honrarlas.*

Y con esto les volvió a enviar las doblas. Jarifa las
recibió y dijo:

— Quien pensare vencer a Rodrigo de Narváez de
armas y cortesía, pensará mal.

De esta manera quedaron los unos de los otros
muy satisfechos y contentos y trabados con tan
estrecha amistad, que les duró toda la vida.

*me ich an, um ihm damit zu helfen und ihn vor seinen Feinden zu schützen. Wenn er sich mit dem Gold, das er mir schickt, als großzügiger Ritter erwiesen hat, so käme ich mir als habgieriger Krämer vor, wenn ich es annähme; somit bitte ich Euch als Entgelt für die Gunst, die Ihr mir erwiesen habt, Euch meiner in meiner Burg zu bedienen. Außerdem, Herrin, ist es nicht meine Gewohnheit, Damen zu berauben, vielmehr will ich ihnen dienen und sie ehren.*

Damit schickte er ihnen die Dublonen zurück. Jarifa nahm sie entgegen und sagte:

«Wer meint, Rodrigo de Narváez mit Waffengewalt oder mit Ehrenbezeugungen zu besiegen, meint etwas Falsches.»

Auf diese Weise waren alle zufrieden und glücklich, und ihre Freundschaft wurde so fest, daß sie das ganze Leben andauerte.

Habiendo el dios Júpiter criado todas las cosas de la tierra y a los hombres para gozarlas, mandó que el dios Contento residiese en el mundo, no creyendo ni previniendo a la ingratitud, que después tuvieron, pues se alzaron con el real y el trueco: porque teniendo a este dios consigo, no se acordaban de otro. A él hacían sacrificio, a él ofrecían las víctimas, a él celebraban con regocijo y cantos de alabanza. Indignado desto Júpiter, convocó todos los dioses, haciéndoles un largo parlamento. Dioles cuenta de la mala correspondencia del hombre, pues a solo el Contento adoraba, sin considerar los bienes recibidos de su pródiga mano, siendo hechura suya y habiéndolo criado de nonada: que diesen su parecer para remedio de semejante locura. Algunos, los más benignos, movidos de clemencia, dijeron:

— Son flacos, de flaca materia y es bien sobrellevallos; que, si fuera posible trocar nuestra suerte a la suya y fuéramos sus iguales, sospecho que hiciéramos lo mismo. No se debe hacer caso dello y, cuando mucho, dándoles una honesta corrección, tendremos por muy cierto que será bastante remedio por lo presente.

Momo quiso hablar, comenzando por algunas libertades, y mandáronle callar, que después hablaría. Bien quisiera en aquella ocasión indignar a Júpiter, por haberse ofrecido como lo deseaba; mas obedeciendo por entonces, fue recapacitando una larga oración, que hacer a su propósito, cuando llegasen a su voto. Pero entre tanto no faltaron otros de condición casi igual suya, que dijeron:

— Ya no es justo dejar sin castigo tan grave delito: que la ofensa es infinita hecha contra dioses

*Mateo Alemán*
*Jupiter und die Zufriedenheit*


Als der Gott Jupiter alle Dinge auf der Erde erschaffen hatte
und auch die Menschen, damit sie sich daran ergötzten, befahl er der Göttin Zufriedenheit, in der Welt zu wohnen;
aber er hatte nicht an die Undankbarkeit gedacht, die sie
später zeigten, und sich auch nicht darauf vorgesehen. Sie
stellten nämlich die Göttin an den Platz des Höchsten, denn da
sie diese bei sich hatten, erinnerten sie sich an keinen andern
Gott mehr. Für sie opferten sie sich auf, ihr brachten sie die
Gaben dar, ihr galten Jubelfeiern und Lobgesang. Darüber
erzürnte Jupiter, er rief alle Götter zusammen und hielt ihnen eine lange Rede, wie schlecht ihm die Menschen die
Wohltaten vergalten, die sie aus seiner freigebigen Hand
empfangen hatten; sie beteten nur die Göttin Zufriedenheit
an und bedächten nicht, daß alles sein Werk war und er alles
aus dem Nichts erschaffen hatte. Er rief sie auf, doch ihre
Meinung zu äußern, wie solchem Wahnwitz zu begegnen sei.
Einige besonders Nachsichtige neigten zur Milde und sagten:

«Sie sind schwach, aus schwachem Stoff geschaffen, und
es ist gut, sie zu dulden; wäre es nämlich möglich, unser
Wesen gegen ihres zu tauschen und gleich zu werden wie sie,
ich fürchte, wir würden ebenso handeln. Man sollte kein
Aufhebens davon machen und ihnen höchstens einen an-
gemessenen Verweis erteilen, und wir sind sicher, daß das
vorläufig genügend Besserung bringt.»

Der tadelsüchtige Gott Momos wollte sprechen und
begann mit einigen Frechheiten, aber es wurde ihm Schweigen geboten, er dürfe erst später reden. Gerne hätte er
bei dieser Gelegenheit Jupiter erzürnt, denn sie kam ihm
wie gerufen; doch vorerst gehorchte er und legte sich eine
lange Rede für sein Vorhaben zurecht, wenn dann die Reihe
an ihn käme. Inzwischen fehlte es nicht an andern, die in
ähnlichem Unmut wie er sagten:

«Es geht nicht an, ein so schweres Vergehen ungesühnt
zu lassen: eine Beleidigung der ewigen Götter bleibt ewig;

infinitos y así debe ser infinita la pena. Parécenos conviene destruillos, acabando con ellos, no criando más de nuevo, pues no es necesidad forzosa que los haya.

Otros dijeron no convenir así; mas que, arrojándoles gran número de poderosos rayos, los abrasase todos y criase otros buenos.

Así fueron dando sus pareceres diferentes, de más o menos rigor, conforme su calidad y complexión, hasta que, llegando a dar Apolo el suyo, pedida licencia y captada la benevolencia, con voz grave y rostro sereno, dijo:

— Supremo Júpiter piadosísimo, la grave acusación que haces a los hombres es tan justa, que no se te puede negar ni contradecir cualquier venganza que contra ellos intentes. Ni tampoco puedo, por lo que te debo, dejar de advertir desapasionadamente lo que siento. Si destruyes el mundo, en vano son las cosas que en él criaste y es imperfección en ti deshacer lo que hiciste para querello enmendar ni pesarte de lo hecho; que te desacreditas a ti mismo, pues tu poder de criador se estrecha a tan extraordinarios medios para contra tu criatura. Perdellos y criar otros de nuevo tampoco te conviene, porque les has de dar o no libre albedrío. Si se lo das, han de ser necesariamente tales cuales fueron los pasados; si se lo quitas, no serán hombres y habrás criado en balde tanta máquina de cielo, tierra, estrellas, luna, sol, composición de elementos y más cosas, que con tanta perfección hiciste. De modo que te importa no se innove más de una sola cosa, con que se previene de remedio. Tú, señor, les diste al dios Contento, que lo tuviesen consigo por el tiempo de tu voluntad, pues todo pende della. Si supieran conservarse en gratitud y justicia, cosa repugnante fuera a la tuya no amparallos, ampliándoles

darum muß die Strafe ewig währen. Wir meinen, es wäre das beste, die Menschen auszurotten, Schluß zu machen mit ihnen und keine neuen mehr zu erschaffen; es besteht kein zwingender Grund, daß es welche braucht.»

Andere fanden, das tauge nichts; besser wäre es, eine geballte Ladung Blitze hinabzuschleudern, sie alle zu verbrennen und ein neues gutes Geschlecht zu schaffen.

So gaben alle ihr Urteil ab, das je nach ihrer Wesensart strenger oder milder ausfiel; schließlich kam die Reihe an Apollo; er bat um das Wort, und nachdem ihm die Erlaubnis eingeräumt worden war, sagte er mit ernster Stimme und heiterem Antlitz:

«Erhabener und großmütiger Jupiter, die schwere Anklage, die du gegen die Menschen erhebst, ist so gerecht, daß man dir nicht verwehren kann, Vergeltung an ihnen zu üben, und keinen Einwand gegen deine Pläne erheben darf. Aber nach allem, was ich dir verdanke, kann ich auch nicht umhin, dir leidenschaftslos offenzulegen, was ich empfinde. Wenn du die Welt zerstörst, hast du vergeblich erschaffen, was auf ihr ist; es wäre ein Zeichen von Unvollkommenheit, wolltest du rückgängig machen, was du geschaffen hast, um den Fehler auszumerzen; du darfst dein Werk nicht bereuen. Du machst dich selbst unglaubwürdig, wenn du deine Schöpferkraft nur auf die äußersten Mittel gegen deine eigenen Geschöpfe beschränkst. Sie zu vernichten und neue zu schaffen, taugt auch nichts, denn entweder du gibst ihnen den freien Willen oder nicht. Wenn du ihn gibst, werden sie notwendigerweise wieder so wie die jetzigen; wenn du ihn wegnimmst, so sind sie keine Menschen mehr, und vergeblich hast du dann das Himmelsgewölbe, Erde, Sterne, Mond, Sonne, den Aufbau der Elemente und alles übrige erschaffen, was dir mit solcher Vollkommenheit gelungen ist. Somit ist es wichtig für dich, daß Abhilfe mit nur einer einzigen Neuerung erreicht wird. Du, Herr, hast ihnen die Göttin Zufriedenheit gegeben, damit sie bei ihnen bleibe, solange du es willst, denn alles hängt davon ab. Wenn die Menschen fähig wären, dankbar und gerecht zu bleiben, wäre es widerwärtig von dir, sie nicht zu beschützen und

siempre los favores; mas, pues lo han desmerecido por inobediencia, restringiendo las penas, debes castigallos: que no es bien que tiránicamente posean tantos dones para ofenderte con ellos. Antes les debes quitar este su dios y en lugar suyo envialles al del Descontento, su hermano, pues tanto se parecen; con que de aquí en adelante reconocerán su miseria y tu misericordia, tus bienes y sus males, tu descanso y su trabajo, su pena y tu gloria, tu poder y su flaqueza. Y por tu voluntad repartirás el premio al que lo mereciere con la benignidad que fuere tu gusto, no haciéndolo general a buenos y malos, gozando igualmente todos una bienaventuranza. Con esto me parece quedarán castigados y reconocidos. Haz agora, oh Júpiter clementísimo, lo que más a tu volunlad sea conveniente, de modo que te sirvas.

Con este breve razonamiento acabó su oración. Quisiera Momo, con la emponzoñada suya, acriminar el delito, por la enemistad vieja con los hombres; y conocida su pasión, reprobaron su parecer, loando todos el de Apolo. Se cometió la ejecución dello a Mercurio, que luego, desplegadas las alas, rompiendo por el aire, bajó a la tierra, donde halló a los hombres con su Dios del Contento, haciéndole fiestas y juegos, descuidados que pudieran en algún tiempo ser enajenados de su posesión.

Mercurio se llegó donde estaba y, habiéndole dado de secreto la embajada de los otros dioses, aunque de mala gana, fuele forzoso cumplilla. Los hombres alteráronse del caso y, viendo que les llevaban a su Dios, quisieron impedirlo y, procurando todos esforzarse a la defensa, asidos dél, trabajaban fuertemente con todo su poder. Viendo Júpiter el caso, el motín y alboroto, bajó al suelo y, como los hombres estaban asidos a la ropa, usando de ardid, sacóles el contento

deine Gunstbezeugungen ständig zu vermehren; aber mit ihrer Unbotmäßigkeit haben sie alles verwirkt, und du mußt sie – maßvoll – bestrafen; es ist nicht gut, daß sie selbstherrlich über alle die Gaben verfügen, um dich damit zu beleidigen. Vor allem mußt du ihnen ihre Göttin wegnehmen und statt ihrer deren Schwester Unzufriedenheit schicken, denn die beiden gleichen sich völlig: von da an werden sie ihr Elend und deine Barmherzigkeit erkennen, deine Wohltaten und ihre Übel, deine Muße und ihre Mühsal, ihre Pein und deine Herrlichkeit, deine Macht und ihre Schwäche. Nach deinem Willen wirst du deine Gnade dem zukommen lassen, der sie verdient, und so wohlwollend, wie es dir gefällt, aber nicht unterschiedslos Guten und Bösen, so daß alle die gleiche Seligkeit genießen können. So, glaube ich, sind sie bestraft und belohnt. Handle nun, o barmherziger Jupiter, wie es deinem Willen beliebt, und so, daß auch dir gedient ist.»

Mit dieser kurzen Schlußfolgerung beendete er seine Rede. Momo versuchte aus alter Feindschaft zu den Menschen in seiner gewohnt bissigen Art das Vergehen aufzubauschen, aber da alle seine Leidenschaft kannten, verwarfen sie seine Ansichten und lobten dafür diejenigen Apollos. Die Ausführung wurde Merkur übertragen, der sogleich seine Flügel ausbreitete, sich in die Lüfte erhob und zur Erde niederschwebte, wo er die Menschen bei der Göttin Zufriedenheit versammelt fand; alle feierten sie mit Spielen und Festen und dachten in ihrer Sorglosigkeit nicht daran, daß ihnen ihr Besitz eines Tages genommen werden könnte. Merkur trat zu ihr hin und teilte ihr heimlich den Ratschluß der übrigen Götter mit, den er nun, wenn auch nur sehr ungern, zu vollziehen gezwungen war. Die Menschen waren aufgebracht darüber, und als sie merkten, daß man ihnen ihre Göttin wegnehmen wollte, versuchten sie es zu verhindern: alle drängten zu ihrer Verteidigung herbei, krallten sich an ihr fest und mühten sich mit allen ihren Kräften ab. Als Jupiter den Aufruhr und das Geschrei gewahr wurde, begab er sich auf die Erde hinunter, und da die Leute sich immer noch an den Kleidern der Göttin festhielten, griff er zu einer List, nahm die Zufriedenheit aus ihrer Mitte heraus

della, dejándoles al Descontento metido en su lugar y propias vestiduras, del modo que el Contento antes estaba, llevándoselo de allí consigo al cielo, con que los hombres quedaron gustosos y engañados, creyendo haber salido con su intento, teniendo a su dios consigo. Y no fue lo que pensaron.

Aun este yerro vive desde aquellos pasados tiempos, llegando con el mismo engaño hasta el siglo presente. Creyeron los hombres haberles el Contento quedado y que lo tienen consigo en el suelo y no es así; que sólo es el ropaje y figura que le parece y el Descontento esta metido dentro. Ajeno vives de la verdad, si creyeres otra cosa o la imaginas. ¿Quiéreslo ver? Advierte.

Considera del modo que quisieres las fiestas, los regocijos, banquetes, danzas, músicas, deleites y alegrías y todo aquello a que más te mueve la inclinación en el más levantado punto que te podría pintar el deseo. Si te preguntare ¿adónde vas? podrasme responder muy orgulloso: a tal fiesta de contento.

Yo quiero que allá lo recibas y te lo den: porque los jardines estaban muy floridos y el son de las plateadas aguas y manantiales de aljófares y perlas te alegraron. ¿Merendaste sin que el sol te ofendiese ni el aire te enojase? ¿Gozaste de tus deseos, tuviste gran pasatiempo, fuiste alegremente recibido y acariciado? Pues ningún contento pudo ser tal, que no se aguase con alguna pesadumbre. Y cuando haya faltado disgusto, no es posible que, cuando a tu casa vuelvas o en tu cama te acuestes, no te halles cansado, polvoroso y por ventura descalabrado o muerto. Que en los mayores placeres acontecen mayores desgracias y suelen ser vísperas de lágrimas. No vísperas, que pase noche de por medio; al pie de la obra, en medio de aquesa idolatría las has de verter: que no se te fiarán más largo. Vendrasme a

zu sich in den Himmel und ließ an deren Stelle und in deren Kleidern die Unzufriedenheit dort; alles war genau gleich wie vorher bei der Zufriedenheit, darum glaubten die Leute fälschlicherweise, sie hätten ihr Ziel erreicht, und freuten sich, ihre Göttin immer noch in ihrer Mitte zu haben. Aber es war nicht so, wie sie meinten.

Immer noch lebt seit jenen alten Zeiten dieser Irrtum bei uns weiter und wirkt mit der gleichen Verwechslung bis ins jetzige Jahrhundert hinein. Die Leute glauben, die Zufriedenheit sei immer noch da und sie wohne bei ihnen auf der Erde, aber es ist nicht so: nur das Gewand und die Gestalt gleichen ihr, aber darin steckt die Unzufriedenheit. Weit weg von der Wahrheit lebst du, falls du etwas anderes glaubst oder dir vorstellst. Willst du es sehen? So merke auf:

Betrachte, wie immer du magst, Feste und Jubelfeiern, Gastmähler, Lustbarkeiten, Tanz und Musik, Genüsse und Freuden, ferner alles Hohe, was deine Sehnsucht anlockt und was dir deine Wunschträume an Erhabenem vorgaukeln. Würde ich dich fragen: ‹Wohin gehst du?› Du könntest mir voller Stolz antworten: ‹Zu diesem oder jenem Fest der Zufriedenheit.› Ich wollte, daß du sie dort auch fandest und daß du sie bekamst, denn die Gärten standen in Blüte und das Plätschern der silbernen Wasser und Perlenquellen erfreuten dich. Verzehrtest du wirklich dein Vesperbrot, ohne daß die Sonne dich belästigte oder der Wind dich ärgerte? Konntest du nach deinen Wünschen genießen, kamst du zu der wonnevollen Kurzweil, wurdest du freudig empfangen und gehätschelt? Es kann nun einmal kein Glück so vollkommen sein, daß es nicht durch einen Wermutstropfen beeinträchtigt würde. Falls es wirklich keine Mißstimmung gab, ist es nicht möglich, daß du beim Heimkommen oder Insbettgehen dich müde oder staubig fühltest oder vielleicht sogar erschlagen oder halbtot? Denn bei den höchsten Freuden geschieht jeweils das größte Unglück, und am nächsten Tag fließen meistens die Tränen. Nein, nicht am nächsten Tag, es vergeht keine Nacht dazwischen – auf der Stelle mußt du sie vergießen, mitten in diesem Götzendienst, sie lassen sich nicht auf später verschieben. Jetzt wirst du mir eingestehen,

confesar agora que la ropa te engañó y la máscara te cegó. Donde creíste que el contento estaba, no fue más del vestido, y el descontento en él. ¿Ves ya cómo en la tierra no hay contento y que está el verdadero en el cielo? Pues, hasta que allá lo tengas, no lo busques acá.

daß das Kleid dich täuschte und die Maske dich blendete. Wo du die Zufriedenheit wähntest, war nur ihr Kleid, und darin steckte die Unzufriedenheit. Siehst du nun, daß es auf der Erde keine Zufriedenheit gibt und daß die wahre im Himmel ist? Suche sie also nicht hier, wenn du ihrer erst dort teilhaftig wirst.

*Al conde de Lemos,*
*presidente de las Indias.*
*A manos de vuestra excelencia van estas desnudas*
*verdades, que buscan no quien las vista sino quien*
*las consienta; que a tal tiempo hemos venido, que,*
*con ser tan sumo bien, hemos de rogar con él. Pro-*
*métese siguridad en ellas solas. Viva vuestra ex-*
*celencia para honra de nuestra edad.*
    *Don Francisco de Quevedo y Villegas*

Los sueños dice Homero que son de Júpiter y que
él los envía; y en otro lugar que se ha de creer es
así cuando tocan en cosas importantes y piadosas,
o las sueñan reyes y grandes señores, como se co-
lige del doctísimo y admirable Propercio en estos
versos:

Nec tu sperne piis venientia somnia portis
cum pia venerunt somnia pondus habent.

Dígolo a propósito, que tengo por caído del cielo
uno que yo tuve en estas noches pasadas, habiendo cerrado los ojos con el libro del Beato Hipólito
de la fin del mundo y segunda venida de Cristo,
lo cual fue causa de soñar que veía el Juicio Final.
Y aunque en casa de un poeta es cosa dificultosa
creer que haya juicio (aunque por sueños), le hubo en mí, por la razón que da Claudio en la pre-
fación al libro 2 del *Rapto* diciendo; que todos
los animales sueñan de noche como sombras de lo
que trataron de día. Y Petronio Arbitro dice:

Et canis in somnis leporis vestigia latrat.

Y hablando de los jueces:

Et pavido cernit inclusum corde tribunal.

Francisco de Quevedo
Der Traum vom Jüngsten Gericht

Dem Grafen von Lemos,
Bevollmächtigten für indianische Länder.
Eurer Exzellenz gehen diese nackten Wahrheiten zu, die
nicht jemanden suchen, der sie bemäntle, sondern gutheiße;
denn wir sind in solche Zeiten gekommen, daß wir, obwohl
sie das höchste Gut sind, mit Bitten für sie werben müssen.
Nur in ihnen ist Sicherheit. Möge Eure Exzellenz lange leben zur Ehre unserer Zeit.

Don Francisco de Quevedo y Villegas

Die Träume kommen von Jupiter, er schickt sie, so sagt Ho-
mer, und an anderer Stelle, man müsse an sie glauben. So
ist's, wenn sie wichtige Anliegen oder Glaubensfragen be-
treffen oder wenn Könige und große Herren sie träumen,
wie aus folgenden Versen des gelehrten und bewunderns-
werten Properz hervorgeht:

Nec tu sperne piis venientia somnia portis:
Quum pia venerunt somnia, pondus habent

Ich sage dies, weil ich glaube, der Traum einer der letzten
Nächte, da ich über dem Buch des seligen Hippolytos «Vom
Ende der Welt und der Wiederkunft Christi» eingeschlafen
war und träumte, ich sähe das Jüngste Gericht und Urteil, sei
mir vom Himmel gekommen. Und ist es auch schwer zu
glauben, es könne im Hause eines Poeten (sei es auch nur
in Träumen) Urteil oder Verstand geben – ich war bei Verstand, aus dem Grund, den Claudius Claudianus im Vorwort
des zweiten Buches «De raptu Proserpinae» angibt, wo er
meint, daß alle Tiere nachts schattenhaft von dem träumen,
was ihnen tagsüber begegnet. Und Petronius Arbiter sagt:

Et canis in somnis leporis vestigia latrat

Und, von den Richtern sprechend:

Et pavido cernit inclusum corde tribunal.

Parecióme, pues, que veía un mancebo que discurriendo por el aire daba voz de su aliento a una trompeta, afeando con su fuerza en parte su hermosura. Halló el son obediencia en los mármoles y oído en los muertos, y así al punto comenzó a moverse toda la tierra, y a dar licencia a los huesos que andaban ya unos en busca de otros. Y pasando tiempo (aunque fue breve) vi a los que habían sido soldados y capitanes levantarse de los sepulcros con ira, juzgándola por seña de guerra. A los avarientos con ansias y congojas, celando algún rebato. Y los dados a vanidad y gula, con ser áspero el son, lo tuvieron por cosa de sarao o caza. Esto conocía yo en los semblantes de cada uno, y no vi que llegase el ruido de la trompa a oreja que se persuadiese que era cosa de juicio. Después noté de la manera que algunas almas venían con asco, y otras con miedo huían de sus antiguos cuerpos; a cual faltaba un brazo, a cual un ojo, y diome risa ver la diversidad de figuras y admiróme la providencia de Dios, en que, estando barajados unos con otros, nadie por yerro de cuenta se ponía las piernas ni los miembros de los vecinos. Sólo en un cementerio me pareció que andaban destrozando cabezas, y que vi a un escribano que no le venía bien el alma, y quiso decir que no era suya por descartarse della.

Después, ya que a noticia de todos llegó que era el día del Juicio, fue de ver cómo los lujuriosos no querían que los hallasen sus ojos por no llevar al tribunal testigos contra sí, los maldicientes las lenguas, los ladrones y matadores gastaban los pies en huir de sus mismas manos.

Y volviéndome a un lado vi a un avariento que estaba preguntando a uno (que por haber sido embalsamado y estar lejos sus tripas no habían llegado) si habían de resucitar aquel día todos los enterrados, si resucitarían unos bolsones suyos. Riérame si no me lastimara a otra parte el afán con que una

Es schien mir also, als sähe ich einen Jüngling durch die Lüfte stürmen, der stieß so gewaltig in eine Posaune, daß sein schönes Gesicht dadurch fast entstellt wurde. Der Ton fand Gehorsam in den Grüften, Gehör bei den Toten; alsbald begann sich die Erde zu regen und gab die Gerippe frei, und ein Knochen fügte sich zum anderen. Und es verging eine Zeit, wenngleich eine kurze, da sah ich jene, die Soldaten und Hauptleute gewesen, voller Zorn aus den Gräbern aufstehen, denn sie glaubten, es werde zum Angriff geblasen; und Geizhälse voller Ach und Weh argwöhnten einen Überfall, und Gecken und Völler hielten den Ton für ein Zeichen zur Lustbarkeit oder zur Jagd, obwohl er gellend war. Das las ich aus den Gesichtern eines jeden. Aber daß auch nur ein einziger, dem der Schall an das Ohr gedrungen war, sich hätte überzeugen lassen, es sei das Jüngste Gericht – das sah ich nicht. Dann bemerkte ich, wie einige Seelen aus Abscheu und andere aus Angst vor ihren alten Leibern flohen: dem einen fehlte ein Arm, dem anderen ein Auge, und mich kam das Lachen an, als ich die verschiedenen Gestalten sah, und ich staunte über die Vorsehung, daß keiner irrte und sich Bein oder Glied der Nachbarn ansetzte, obwohl die einen mit den anderen vermischt lagen. Nur auf einem Kirchhof schienen Köpfe vertauscht zu werden, und einem Schreiber schien die Seele nicht zu passen, und er sagte, sie gehöre nicht ihm – er wollte sie loswerden.

Danach, da alle schon wußten, dies sei der Jüngste Tag, hätte man sehen sollen, wie die Wollüstigen zitterten, man könnte ihre Augen auffinden, wollten sie doch keine Zeugen wider sich selbst vor Gericht bringen; die Verleumder fürchteten ihre Zungen; die Räuber und Mörder rannten sich die Beine ab, um ihren Händen zu entkommen.

Ich wandte mich zur Seite und sah einen Geizhals, der einen anderen fragte, ob wohl auch seine großen Geldkatzen Urständ feiern würden, da an diesem Tag alles Vergrabene auferstehe. Aber der andere war einbalsamiert, seine Eingeweide waren an fernem Ort beigesetzt worden und noch nicht angelangt, deshalb gab er keine Antwort. Ich hätte gelacht, wenn mich nicht andererseits die Hast bedrückt hätte, wo-

gran chusma de escribanos andaban huyendo de sus orejas, deseando no las llevar por no oír lo que esperaban; mas solos fueron sin ellas los que acá las habían perdido por ladrones, que por descuido no fueron todos. Pero lo que más me espantó fue ver los cuerpos de dos o tres mercaderes que se habían calzado las almas al revés, y tenían todos los cinco sentidos en las uñas de la mano derecha.

Yo veía todo esto de una cueva muy alta. Al punto que oigo dar voces a mis pies que me apartase, y no bien lo hice cuando comenzaron a sacar las cabezas muchas mujeres hermosas llamándome descortés y grosero, porque no había tenido más respeto a las damas (que aun en el Infierno están las tales sin perder esta locura). Salieron fuera muy alegres de verse gallardas y desnudas, y que tanta gente las viese, aunque luego, conociendo que era el día de la ira y que la hermosura las estaba acusando de secreto, comenzaron a caminar al valle con pasos más entretenidos. Una que había sido casada siete veces iba trazando disculpas para todos los maridos. Otra dellas, que había sido pública ramera, por no llegar al valle no hacía sino decir que se le habían olvidado las muelas, y una ceja, y volvía y deteníase, pero al fin llegó a vista del teatro, y fue tanta la gente de los que había ayudado a perder, y que señalándola daban gritos contra ella, que se quiso esconder entre una caterva de corchetes, pareciéndole que aquella no era gente de cuenta aun en aquel día.

Divertióme desto un gran ruido, que por la orilla de un río adelante venía gente en cantidad tras un médico, que después supe lo que era en la sentencia. Eran hombres que había despachado sin razón antes de tiempo, por lo cual se habían condenado, y venían por hacerle que pareciese, y al fin, por fuerza, le pusieron delante del trono.

A mi lado izquierdo oí como ruido de alguno

mit eine Schar von Gerichtsschreibern vor ihren Ohren floh; sie wünschten alle, sie hätten keine, um nicht hören zu müssen, was sie befürchteten; aber es hatten nur die keine Ohren, denen sie wegen Diebstahls abgeschnitten worden waren; nur aus Versehen waren es nicht alle. Am meisten aber schauderte mir, da ich die Leiber zweier oder dreier Kaufleute sah, die sich die Seelen verkehrt angezogen hatten und denen die fünf Sinne an den Nägeln der rechten Hand brannten.

Dies alles sah ich von einer großen Grabhöhle aus, als unter meinen Füßen ein Geschrei losbrach, ich solle mich wegscheren, und kaum hatte ich das getan, steckten viele schöne Weiber die Köpfe aus der Erde und schalten mich unhöflich und grob, weil ich die Damen vor die Köpfe gestoßen hätte (denn selbst in der Hölle lassen die Frauenzimmer nicht von ihrer Narrheit). Sie krochen sehr fröhlich hervor, da sie stattlich und nackt waren und so viele Leute sie betrachteten, aber als sie erkannten, dies sei der Tag des Zorns und ihre Schönheit klage sie insgeheim an, gingen sie langsamer gegen das Tal hin. Eine, die siebenmal verheiratet gewesen war, suchte nach Ausflüchten, sich wegen ihrer Männer zu rechtfertigen. Eine andere – einstmals öffentliche Hure – wollte nicht vor Gericht; sie sagte unausgesetzt, sie habe ihre Stockzähne und eine Augenbraue vergessen, machte kehrt und ging keinen Schritt weiter; zuletzt aber kam sie doch in die Nähe der Richtstätte, und so groß war die Menge derer, denen sie zur Verdammnis verholfen hatte und die nun auf sie zeigten und gegen sie schrien, daß sie sich in einer Rotte von Schergen verbergen wollte, schien ihr doch, diese Leute zählten auch am Zahltag für nichts.

Davon lenkte mich großer Lärm vieler Menschen ab. Sie rannten am Ufer eines Flußes hinter einem Arzt her – daß er dies war, erfuhr ich später beim Urteilsspruch. Es waren Leute, die er grundlos vorzeitig ins Jenseits befördert hatte, weswegen sie auch die Seligkeit nicht erlangt hatten; sie forderten, er solle sich stellen, und zerrten ihn zuletzt mit Gewalt vor den Richterstuhl.

Zu meiner Linken hörte ich ein Geräusch, als schwimme

que nadaba, y vi a un juez, que lo había sido, que estaba en medio del arroyo lavándose las manos, y esto hacía muchas veces. Lleguéme a preguntarle por qué se lavaba tanto, y díjome que en vida, sobre ciertos negocios, se las habían untado, y que estaba porfiando allí por no parecer con ellas de aquella suerte delante la universal residencia.

Era de ver una legión de demonios con azotes, palos y otros instrumentos, cómo traían a la audiencia una muchedumbre de taberneros, sastres, libreros y zapateros que de miedo se hacían sordos y aunque habían resucitado, no querían salir de la sepultura. En el camino por donde pasaban, al ruido sacó un abogado la cabeza, y preguntóles que a dónde iban, y respondiéronle que al justo juicio de Dios, que era llegado. A lo cual, metiéndose más ahondo dijo:

— Esto me ahorraré de andar después si he de ir más abajo.

Iba sudando un tabernero de congoja tanto que, cansado, se dejaba caer a cada paso, y a mí me pareció que le dijo un demonio:

— Harto es que sudéis el agua, no nos la vendáis por vino.

Uno de los sastres, pequeño de cuerpo, redondo de cara, malas barbas y peores hechos, no hacía si no decir:

— ¿Qué pude hurtar yo si andaba siempre muriéndome de hambre?

Y los otros le decían (viendo que negaba haber sido ladrón) qué cosa era despreciarse de su oficio.

Toparon con unos salteadores y capeadores públicos que andaban huyendo unos de otros, y luego los diablos cerraron con ellos diciendo que los salteadores bien podían entrar en el número, porque eran a su modo sastres silvestres y monteses, como gatos del campo. Hubo pendencia entre ellos sobre afrentarse los unos de ir con los otros, y al fin juntos

einer. Ich sah einen ehemaligen Richter mitten in einem Bach stehen, der wusch sich wieder und wieder die Hände. Ich fragte ihn, warum er sich so oft wasche; er sagte mir, daß man ihn zu Lebzeiten bei gewissen Prozessen geschmiert habe und er nicht ablasse, sich die Hände zu säubern, um nicht so vor dem höchsten Gericht erscheinen zu müssen.

Dann erblickte ich eine Legion von Teufeln mit Peitschen, Prügeln und anderen Marterwerkzeugen, die viele Schenkwirte, Schneider, Buchhändler und Schuster vor sich hertrieben, die sich aus Angst taub gestellt, und obwohl sie auferweckt worden waren, nicht aus den Gräbern heraus gewollt hatten. Wo sie vorüberzogen, streckte ein Advokat beim Lärm den Kopf hervor und fragte, wohin sie gingen, und sie antworteten: «Dem gerechten Spruch Gottes entgegen, der Tag ist da!» Darauf kroch er tiefer in die Erde und sagte:

«Diesen Weg kann ich mir ersparen; später muß ich noch weiter hinunter.»

Ein Schenkwirt schwitzte vor großer Pein dermaßen, daß er bei jedem Schritt erschöpft hinfiel; ich glaubte zu hören, wie ein Teufel zu ihm sagte:

«Es reicht schon, wenn Ihr Wasser schwitzt; verkauft es uns nur nicht für Wein!»

Einer der Schneider, klein von Gestalt, mit rundem Gesicht, wüstem Bart und wüsteren Taten, sagte nur immerzu:

«Ich hätte etwas gestohlen? War ich nicht immer am Verhungern?»

Als die anderen hörten, er leugne, ein Dieb gewesen zu sein, sagten sie ihm, das hieße sein Handwerk herabsetzen.

Sie stießen auf einige Räuber und Manteldiebe; die einen flohen vor den anderen. Da gingen die Teufel auf sie los und sagten, Schnapphähne und Beutelschneider könnten wohl zu den Schneidern gerechnet werden, seien sie doch auf ihre Weise Wildschneider, die sich wie Wildkatzen aufs Mausen verstünden. Da gab es eine Schlägerei; die einen wie die anderen empfanden es als Schimpf, daß sie miteinander gehen sollten; und zuletzt kamen alle vereint im Tale an. Hinter

llegaron al valle. Tras ellos venía la locura en una tropa con sus cuatro costados, poetas, músicos, enamorados y valientes, gente en todo ajena deste día. Pusiéronse a un lado, donde estaban los sayones, judíos y filósofos, y decían juntos (viendo a los sumos pontífices en sillas de gloria):

— Diferentemente se aprovechan los papas de las narices que nosotros, pues con diez varas dellas no vimos lo que traímos entre manos.

Andaban contándose dos o tres procuradores las caras que tenían, y espantábanse que les sobrasen tantas habiendo vivido descaradamente. Al fin vi hacer silencio a todos.

El trono era obra donde trabajaron la omnipotencia y el milagro. Dios estaba vestido de sí mismo, hermoso para los santos y enojado para los perdidos, el sol y las estrellas colgando de la boca, el viento quedo y mudo, el agua recostada en sus orillas, suspensa la tierra temerosa en sus hijos, y cual amenazaba al que le enseñó con su mal peores costumbres; todos en general pensativos. Los justos en qué gracias darían a Dios, cómo rogarían por sí, y los malos en dar disculpas.

Andaban los ángeles custodios mostrando en sus pasos y colores las cuentas que tenían que dar de sus encomendados, y los demonios repasando sus tachas y procesos, al fin todos los defensores de allá, los acusadores de fuera. Estaban los diez mandamientos por guarda a una puerta tan angosta, que los que estaban a puros ayunos flacos aun tenían algo que dejar en la estrechura.

A un lado estaban juntas las desgracias, peste y pesadumbres, dando voces contra los médicos. Decía la peste que ella había herídolos, pero que ellos los habían despachado; las pesadumbres, que no habían muerto ninguno sin ayuda de los doctores, y las desgracias, que todos los que habían enterrado habían ido por entrambos. Con eso los médicos

ihnen her kam die Torheit mit ihren vier Schellenträgern: Poeten, Musikern, Verliebten und Eisenfressern, alles Leute, die sich von diesem Tag nicht im geringsten betroffen fühlten. Sie stellten sich auf eine Seite, wo die Henker, Juden und Philosophen standen, und alle riefen, da sie die Päpste auf Thronsesseln zur Rechten sitzen sahen, aus:

«Besser als wir wissen die Päpste ihre Nasen zu nutzen, denn mit zehn Ellen langen Nasen haben wir nicht gerochen, was wir doch unter den Händen hatten!»

Zwei oder drei Prokuratoren zählten die Gesichter, die sie hatten, und entsetzten sich, da so viele überzählig waren, hatten sie doch im Leben nie eines gezeigt. Schließlich ward allen Schweigen geboten. Auf dem Thron schritten die Allmacht und das Wunder zu Werk.

Gott war mit sich selbst bekleidet: schön für die Heiligen, zorndrohend für die Verlorenen; Sonne und Sterne hingen aus seinem Munde, der Wind war gebändigt und stumm, das Wasser staute sich an den Ufern; die Erde hielt den Atem an, aus Furcht um ihre Kinder; da und dort drohte einer dem anderen, der ihn durch sein schlechtes Beispiel schlechtere Sitten gelehrt hatte. Alle aber hingen ihren Gedanken nach: die Gerechten, wie sie Gott danken, wie sie für sich flehen, die Bösen, wie sie sich entschuldigen möchten.

Die Schutzengel gingen hin und zeigten schon in Schritt und Antlitz, welche Rechenschaft sie über ihre Schutzbefohlenen abzulegen hatten; die Teufel blätterten in Anklageschriften und Prozeßakten. Letzten Endes standen die Verteidiger drinnen, die Ankläger draußen. Die Zehn Gebote standen Wache an einer Tür, die so schmal war, daß auch jene etwas in der Enge lassen mußten, die von hartem Fasten abgezehrt waren.

Auf der einen Seite standen Unglück, Pest und Kummer und schrien gegen die Ärzte. Die Pest sagte: «Ich habe die Kranken nur angefallen, die Ärzte aber haben sie aus der Welt geschafft.» Der Kummer: «Ich habe ohne Hilfe der Ärzte niemanden umgebracht», und das Unglück: «Bei allen, die ich unter die Erde brachte, hatten Ärzte die Hand im Spiel.» So mußten die Ärzte Rechenschaft ablegen über die

quedaron con carga de dar cuenta de los difuntos. Y así, aunque los necios decían que ellos habían muerto más, se pusieron los médicos con papel y tinta en un alto con su arancel, y en nombrando la gente luego salía uno dellos, y en alta voz decía:

— Ante mí pasó a tantos de tal mes, etc.

Comenzóse por Adán la cuenta, y para que se vea si iba estrecha, hasta de una manzana se la pidieron tan rigurosa, que le oía decir a Judas:

— ¿Qué tal la daré yo, que le vendí al mismo dueño un cordero?

Pasaron los primeros Padres, vino el Testamento Nuevo, pusiéronse en sus sillas, al lado de Dios, los Apóstoles todos con el santo Pescador. Luego llegó un diablo y dijo:

— Este es el que señaló con la mano al que san Juan con el dedo, y fue el que dio la bofetada a Cristo.

Juzgó el mismo su causa y dieron con él en los entresuelos del mundo.

Era de ver cómo se entraban algunos pobres entre media docena de reyes que tropezaban con las coronas, viendo entrar las de los sacerdotes tan sin detenerse. Asomaron las cabezas Herodes y Pilatos, y cada una conociendo en el juez (aunque glorioso) sus iras, decía Pilatos:

— Esto se merece quien quiso ser gobernador de judigüelos.

Y Herodes:

— Yo no puedo ir al cielo, pues al limbo no se querrán fiar más de mí los inocentes con las nuevas que tienen de los otros que despaché; ello es fuerza de ir al infierno, que al fin es posada conocida.

Llegó en esto un hombre desaforado de ceño, y alargando la mano, dijo:

— Esta es la carta de examen.

Admiráronse todos, y dijeron los porteros que quién era; y él en altas voces respondió:

Verstorbenen; obgleich die Schwätzer sagten, sie hätten mit ihrem Gerede mehr Menschen umgebracht, stellten sich die Ärzte mit Papier, Tinte und Totenliste auf eine Anhöhe und riefen die Leute auf. Sofort trat ein Arzt vor und sagte laut:

«Vor meinen Augen starb er am Soundsovielten u.s.w. . . .»

Als erster mußte Adam Rechenschaft ablegen. Und damit man sehe, wie genau hier gerechnet werde, verlangte man von ihm so peinlich genauen Bericht über einen einzigen Apfel, daß ich Judas sagen hörte:

«Wie soll denn ich Rechenschaft ablegen, der ich den Herrn selbst, das Lamm Gottes, verschachert habe?»

Die Patriarchen gingen durch die Tür, es kam das Neue Testament, alle Apostel setzten sich mit dem heiligen Fischer auf ihre Throne an die Seite Gottes. Dann kam ein Teufel und sagte:

«Der heilige Johannes zeigte mit dem Finger auf Gott, dieser zeichnete ihn mit der ganzen Hand.»

Es war jener Mensch, der Christus den Backenstreich gegeben hatte. Er selbst sprach sich sein Urteil, und sie fuhren mit ihm ins Kellergeschoß der Welt.

Dann traten einige Arme ein neben einem halben Dutzend Königen, die sich an ihren Kronen stießen, als sie sahen, wie die Priester mit ihren Tonsuren so ungeschoren durchkamen. Herodes und Pilatus streckten die Köpfe hervor, und jeder erkannte im glorreichen Richter die eigene Verdammnis. Pilatus sagte:

«Das verdient der, welcher über Judengesindel herrschen wollte.»

Und Herodes:

«In den Himmel kann ich nicht gehen; schon im Limbus würden die unschuldigen Kinder mir nicht trauen, wissen sie doch von jenen, die ich hinmetzeln ließ. So muß ich also in die Hölle, und das ist schließlich eine Allerweltsherberge.»

Da kam ein gewalttätiger Mensch finsteren Blickes daher, streckte die Hand aus und sagte:

«Hier ist mein Meisterbrief!»

Alle verwunderten sich, die Türhüter fragten ihn, wer er sei, und er antwortete schreiend:

– Maestro de esgrima examinado, y de los más diestros del mundo.

Y sacando otros papeles de un lado dijo que aquellos eran los testimonios de sus hazañas; cayéronsele en el suelo por descuido los testimonios, y fueron a un tiempo a levantarlos dos diablos y un alguacil, y él los levantó primero que los diablos. Llegó un ángel y alargó el brazo para asille y metelle dentro, y él retirándose alargó el suyo y dando un salto dijo:

– Esta de puño es irreparable, y si me queréis probar yo daré buena cuenta.

Riéronse todos, y un oficial algo moreno le preguntó qué nuevas tenía de su alma; pidiéronle no sé qué cosas, y respondió que no sabía tretas contra los enemigos della. Mandáronle que se fuese por línea recta al infierno. A lo cual replicó diciendo que debían de tenerlo por diestro del libro matemático, que él no sabía qué era línea recta; hiciéronselo aprender, y diciendo «Entre otro» se arrojó.

Y llegaron unos dispenseros a cuentas (y no rezándolas), y en el ruido con que venía la trulla dijo un ministro:

– Despenseros son.*

Y otros dijeron:

– No son.

Y otros:

– Sí son.

Y dióles tanta pesadumbre la palabra «sisón», que se turbaron mucho. Con todo, pidieron que se les buscase su abogado. Y dijo un diablo:

– Ahí está Judas, que es apóstol descartado.

Cuando ellos oyeron esto, volviéndose a otro diablo que no se daba manos a señalar ojos para leer, dijeron:

– Nadie mire, y vamos a partido y tomamos infinitos siglos de purgatorio.

El diablo, como buen jugador, dijo:

«Geprüfter Fechtmeister, und einer der geschicktesten der Welt.»

Er holte andere Papiere hervor und sagte, dies wären Beweise seiner Heldentaten. Er war unachtsam, seine Papiere fielen auf den Boden, und zur gleichen Zeit stürzten zwei Teufel und ein Büttel darauf los, doch er war schneller als alle Teufel. Ein Engel trat herzu, streckte den Arm aus, den Fechtmeister zu packen und ihn hineinzuziehen; er aber sprang zurück, streckte den Arm vor, tat einen Satz und sagte:

«Dieser Stoß ist unfehlbar, und wenn Ihr mich auf die Probe stellen wollt, werde ich es Euch sehr wohl beweisen.»

Alle lachten; ein recht dunkler Gerichtsdiener fragte ihn, was er von seiner Seele wisse; sie verlangten irgend etwas von ihm. Worauf er antwortete: gegen deren Feinde wisse er keine Finten. Sie befahlen ihm, in gerader Linie zur Hölle zu fahren, worauf der Fechtmeister erwiderte, sie hielten ihn wohl für einen, der sich in Geometriebüchern auskenne; er wisse nicht, was eine gerade Linie sei. Sie lehrten es ihn, er sagte: «Der Nächste!» und stürzte hinab.

Und es kamen einige Armenvögte, die überschlugen ihre Rechnung, zählten zusammen, aber nicht Rosenkranzperlen. Der Haufe kam lärmend daher, und ein Teufel sagte:

«Armenvögte sind's.»

Und andere sagten:

«Was überschlagen sie da?»

Wieder andere:

«Was sie unterschlagen haben.»

Das Wort «unterschlagen» fiel ihnen so auf die Seele, daß es sie ganz aus der Fassung brachte. Sie verlangten nach einem Fürsprech, und ein Teufel sagte:

«Da steht Judas, der abtrünnige Apostel und Armenvogt.»

Als sie das hörten, wandten sie sich an einen anderen Teufel, der nicht genug Hände hatte, so viele Blätter waren zu unterfertigen, und sagten:

«Keiner sehe ins Blatt: machen wir einen Vergleich und heben wir ab: eine endlos lange Zeit im Fegefeuer.»

Der Teufel, als guter Spieler, sagte:

— ¿Partido pedís? No tenéis buen juego.

Comenzó a descubrir, y ellos, viendo que miraba, se echaron en baraja de su bella gracia.

Pero tales voces, como venían tras de un malaventurado pastelero, no se oyeron jamás de hombres hechos cuartos, y pidiéndole que declarase en qué les había acomodado sus carnes, confesó que en los pasteles, y mandaron que les fuesen restituidos sus miembros de cualquier estómago en que se hallasen. Dijéronle si quería ser juzgado y respondió que sí, a Dios y a la ventura. La primera acusación decía no sé qué de gato por liebre, tantos de huesos, y no de la misma carne sino advenedizos, tanta de oveja y cabra, caballo y perro. Y cuando él vio que se les probaba a sus pasteles haberse hallado en ellos más animales que en el arca de Noé (porque en ella no hubo ratones y moscas, y en ellos sí), volvió las espaldas y dejólos con la palabra en la boca.

Fueron juzgados filósofos, y fue de ver cómo ocupaban sus entendimientos en hacer silogismos contra su salvación; mas lo de los poetas fue de notar, que de puro locos querían hacer creer a Dios que era Júpiter y que por él decían ellos todas las cosas. Y Virgilio andaba con sus *Sicelides musae* diciendo que era el nacimiento de Cristo. Mas saltó un diablo y dijo no sé qué de Mecenas y Octavia, y que había mil veces adorado unos cuernecillos suyos que los traía por ser día de más fiesta; contó no sé qué cosas. Y al fin llegando Orfeo (como más antiguo) a hablar por todos, le mandaron que se volviese otra vez a hacer el experimento de entrar en el infierno para salir, y a los demás, por hacérseles camino, que le acompañasen.

Llegó tras ellos un avariento a la puerta y fue preguntado qué quería, diciéndole que los diez mandamientos guardaban aquella puerta de quien no los había guardado; y él dijo que en cosas de

«Einen Vergleich wollt ihr? Ihr habt kein gutes Blatt.»

Er deckte auf. Als sie sahen, daß er ihr Blatt kannte, stürzten sie sich auf Gnade und Ungnade kopfüber in die Hölle.

Aber nie hörte man solch unerhörtes Geschrei von gevierteilten Männern wie das, welches hinter einem unseligen Pastetenbäcker erscholl. Die Gevierteilten verlangten von ihm, er solle erklären, wohin er ihr Fleisch getan habe, und er gestand: in Pasteten. Sie forderten, er solle ihnen ihre Glieder zurückerstatten, in welchem Magen sie sich auch befinden mochten. Er wurde gefragt, ob er gerichtet werden wollte, er sagte: «Ja, mit Gott und auf gut Glück!» Zuerst beschuldigte man ihn, er habe Katzen für Hasen verkauft, weiters Knochen, und nicht Fleisch, sondern Abfälle von Schaf und Ziege, Pferd und Hund, und da er sah, wie man ihm nachwies, daß sich in seinen Pasteten mehr Tiere befunden hätten als in der Arche Noah (in ihr gab es weder Mäuse noch Fliegen, wohl aber in den Pasteten), drehte er ihnen den Rücken und ließ sie mit dem Wort im Munde stehen.

Die Philosophen wurden gerichtet, und sie zermarterten ihr Hirn, um schulgerechte Vernunftschlüsse zu finden – gegen ihre Rettung. Aber bemerkenswerter waren die Poeten, die aus reiner Narrheit Gott weismachen wollten, er sei Jupiter, und sie hätten seinetwegen all ihre Gedichte verfertigt. Und Vergil kam mit seinen «Sicelides musae» daher und behauptete, das gehe auf die Geburt Christi; aber da sprang ein Teufel hervor und redete von Maecenas und Octavia und sagte, daß Vergil tausendmal seine eigenen Hörner angebetet habe, und die trage er jetzt wohl, weil dieser Tag ein großer Festtag sei. Darauf schwätzte er irgend etwas, und schließlich kam Orpheus als der älteste Dichter daher, um für die anderen alle zu sprechen. Ihm befahlen sie, er solle noch einmal in die Unterwelt steigen und versuchen, wieder herauszukommen, und den anderen, sie sollten ihn begleiten, er werde ihnen schon den Weg bahnen.

Hinter ihnen kam ein Filz zur Pforte; sie fragten ihn, was er wolle, und sagten, die Zehn Gebote hielten jeden von der Pforte ab, der nicht an ihnen festgehalten habe. Darauf sagte er: was das Festhalten betreffe, so könne er unmöglich

guardar era imposible que hubiese pecado. Leyó el primero: ‹Amar a Dios sobre todas las cosas›, y dijo que él sólo aguardaba a tenerlas todas para amar a Dios sobre ellas. ‹No jurar su nombre en vano›, dijo que aun jurándole falsamente siempre había sido por muy grande interés, y que así no había sido en vano. ‹Guardar las fiestas›, éstas y aun los días de trabajo guardaba y se escondía. ‹Honrar padre y madre›, siempre les quité el sombrero. ‹No matar›, por guardar esto no comía, por ser matar la hambre comer. ‹No fornicarás›, en cosas que cuestan dinero ya está dicho. ‹No levantar falso testimonio.›

– Aquí, dijo un diablo, es el negocio, avariento; que si confiesas haberle levantado te condenas, y si no, delante del juez te le levantarán a ti mismo.

Enfadóse el avariento y dijo:

– Si no he de entrar no gastemos tiempo.

Que hasta aquello rehusó de gastar. Convencióse con su vida, y fue llevado a donde merecía.

Entraron en esto muchos ladrones, y salváronse dellos algunos ahorcados. Y fue de manera el ánimo que tomaron los escribanos que estaban delante de Mahoma, Lutero y Judas (viendo salvar ladrones), que entraron de golpe a ser sentenciados, de que les tomó a los diablos muy gran risa de ver eso.

Los ángeles de la guarda comenzaron a esforzarse y a llamar por abogados los Evangelistas.

Dieron principio a la acusación los demonios, y no la hacían en los procesos que tenían hechos de sus culpas, sino con los que ellos habían hecho en esta vida. Dijeron lo primero:

– Estos, Señor, la mayor culpa suya es ser escribanos.

Y ellos respondieron a voces (pensando que disimularían algo) que no eran sino secretarios.

Los ángeles abogados comenzaron a dar descargo. Uno decía:

gesündigt haben. Er las das erste Gebot: «Du sollst Gott über alles lieben», worauf er sagte, er habe alles nur festgehalten, um Gott dann mehr als alles lieben zu können. «Du sollst seinen Namen nicht eitel nennen.» Er sagte, er habe bei Gott nur falsch geschworen, wenn es sich um großen Gewinn gehandelt habe, also sei es nicht eitel gewesen. «Du sollst die Feiertage halten» – auch alle Werktage habe er nichts als gehalten und vergraben. «Du sollst Vater und Mutter ehren.» «Ich habe den Hut stets abgenommen!» «Du sollst nicht töten.» – «Deswegen enthielt ich mich der Speise; essen heißt den Hunger töten.» – «Du sollst nicht huren.» – «Über Dinge, die Geld kosten, brauchen wir kein Wort zu verlieren.» – «Du sollst kein falsches Zeugnis ablegen.»

«Da ist der Haken», sagte ein Teufel. «Gibst du zu, falsches Zeugnis abgelegt zu haben, bist du verdammt, streitest du es ab, legst du vor dem Richter falsches Zeugnis wider dich selber ab.» Der Filz wurde ärgerlich und sagte: «Wenn ich hier nicht hineinkann, verschwenden wir nicht die Zeit.» Nicht einmal die wollte er verschwenden. Sein Leben sprach gegen ihn, und er kam nach Verdienst an den Ort, an den er gehörte.

Unterdes traten viele Räuber ein; ein paar Gehenkte konnten sich retten. Als nun die Gerichtsschreiber, die vor Mohammed, Luther und Judas standen, sahen, wie selbst Räuber gerettet wurden, faßten sie sich ein Herz, traten plötzlich ein und verlangten nach dem Urteil, und alle Teufel brachen in großes Gelächter aus.

Die Schutzengel mühten sich ab und riefen die Evangelisten zu Fürsprechern auf.

Die Teufel begannen mit der Anklage, aber sie machten ihnen nicht den Prozeß wegen ihrer Sünden, sondern wegen der Prozesse, die sie selber zu Lebzeiten mitentschieden hatten. Die Teufel sagten zuerst:

«Herr, ihre Hauptschuld liegt darin, daß sie Gerichtsschreiber sind.»

Die Schreiber antworteten schreiend, dachten sie doch, sie könnten etwas verbergen: sie seien Geheimschreiber!

Die Schutzengel begannen sie zu entlasten. Einer sagte:

– Es bautizado y miembro de la Iglesia.

Y no tuvieron muchos dellos que decir otra cosa. Al fin se salvaron dos o tres. Y a los demás dijeron los demonios:

– Ya entienden.

Hiciéronles del ojo diciendo que importaban allí para jurar contra cierta gente.

Y viendo que por ser cristianos daban más pena que los gentiles, alegaron que el serlo no era por su culpa, que los bautizaron cuando niños y, así, que los padrinos la tenían.

Digo verdad que vi a Judas tan cerca de atreverse a entrar en juicio, y a Mahoma y a Lutero, animados de ver salvar a un escribano, que me espanté que no lo hiciesen. Sólo se lo estorbó aquel médico que dije, que forzado de los que le habían traído, parecieron él, y un boticario y un barbero. A los cuales dijo un diablo que tenía las copias:

– Ante este doctor han pasado los más difuntos, con ayuda deste boticario y barbero, y a ellos se les debe gran parte deste día. Alegó un ángel por el boticario que daba de balde a los pobres, pero dijo un diablo que hallaba por su cuenta que habían sido más dañosos dos botes de su tienda que diez mil de pica en la guerra, porque todas sus medicinas eran espurias, y que con esto había hecho liga con una peste y había destruido dos lugares. El médico se disculpaba con él, y al fin el boticario fue condenado. Y el médico y el barbero (intercediendo san Cosme y san Damián) se salvaron.

Fue condenado un abogado porque tenía todos los derechos con corcovas, cuando descubierto un hombre que estaba detrás deste a gatas porque no le viesen, y preguntado quién era, dijo que cómico, pero un diablo muy enfadado replicó:

– Farandulero, y pudiera haber ahorrado aquesta venida sabiendo lo que hay.

«Dieser ist getauft und Glied der Kirche.»

Nicht viele konnten mehr zu ihren Gunsten sagen. Zuletzt retteten sich zwei oder drei, und zu den übrigen sagten die Teufel:

«Ihr versteht schon!»

Sie zwinkerten ihnen zu und sagten, man brauche sie dort unten, um gegen gewisse Leute eidliches Zeugnis abzulegen.

Sie sahen, daß ihre Strafe härter ausfiel, weil sie Christen und nicht Heiden waren, und führten an, sie seien ohne eigene Schuld Christen; man hätte sie als kleine Kinder getauft, die Schuld trügen die Taufpaten.

Als Judas, Mohammed und Luther sahen, wie sogar ein Gerichtsschreiber sich retten konnte, waren sie – ich sah es wahrhaftig – so nahe daran, sich aburteilen zu lassen, daß ich erschrak, sie könnten es wirklich tun. Ihnen kam ein Arzt in die Quere, von dem ich früher sagte, daß man ihn mit Gewalt vors Gericht gezogen hatte, und an seiner Seite waren ein Apotheker und ein Barbier. Zu ihnen sagte ein Teufel, der ihr Sündenregister hielt:

«Dieser Doktor hat es mit Hilfe des Apothekers und des Barbiers zu den meisten Toten gebracht; ihnen verdanken wir einen großen Teil dieses Tages.» Ein Engel führte zugunsten des Apothekers an, er habe den Armen ohne Entgelt Arzneien gegeben, aber ein Teufel sagte: er finde in seinem Register, zwei Büchsen aus der Apotheke hätten mehr Schaden angerichtet als zehntausend Büchsen im Krieg: alle seine Arzneien seien verfälscht gewesen; mit ihnen und der Pest im Bunde habe er zwei Ortschaften ausgerottet. Der Arzt schob die Schuld auf den Apotheker, der zu böser Letzt verdammt wurde. Der Arzt und der Barbier (Sankt Cosmas und Sankt Damian traten für sie ein) wurden gerettet.

Ein Advokat wurde verurteilt, weil er das Recht verdreht hatte, und hinter ihm ein Mensch entdeckt, der auf allen vieren kroch, damit man ihn nicht sehe. Gefragt, wer er sei, antwortete er: «Schauspieler», aber ein Teufel sagte sehr aufgebracht:

«Possenreißer»; und er hätte sich den Weg sparen können, wüßte er doch, daß hier keine Posse aufgeführt werde.

Juró de irse, y fuese al infierno sobre su palabra.

En esta dieron con muchos taberneros en el puesto, y fueron acusados de que habían muerto mucha cantidad de sed a traición, vendiendo agua por vino. Estos venían confiados en que habían dado a un hospital siempre vino puro para las misas, pero no les valió. Ni a los sastres decir que habían vestido Jesuses. Y ansí todos fueron despachados como siempre se esperaba.

Llegaron tres o cuatro ginoveses ricos pidiendo asientos, y dijo un diablo:

— Piensan ganar ellos ; pues esto es lo que les mata. Esta vez han dado mala cuenta y no hay donde se asienten, porque han quebrado el banco de su crédito.

Y volviéndose a Dios dijo un diablo:

— Todos los demás hombres, Señor, dan cuenta de lo que es suyo, mas éstos de lo ajeno, y todo.

Pronuncióse la sentencia contra ellos; yo no la oí bien, pero ellos desaparecieron.

Vino un caballero tan derecho que, al parecer, quería competir con la misma justicia que le aguardaba. Hizo muchas reverencias a todos, y con la mano una ceremonia usada de los que beben en charco. Traía un cuello tan grande que no se le echaba de ver si tenía cabeza. Preguntóle un portero de parte de Dios si era hombre, y él respondió con grandes cortesías que sí, y que por más señas se llamaba don Fulano, a fe de caballero. Rióse un diablo y dijo:

— De codicia es el mancebo para el infierno.

Preguntáronle qué pretendía y respondió:

— Ser salvado.

Y fue remitido a los diablos para que le moliesen. Y él sólo reparó en que le ajarían el cuello.

Entró tras él un hombre dando voces diciendo:

— Aunque las doy no tengo mal pleito, que a

Er schwor, zu verschwinden, schwor's und marschierte in die Hölle.

Dann schleppten sie viele Schenkwirte auf den Platz; sie wurde beschuldigt, großen Durst hinterhältig aus der Welt geschafft zu haben, da sie Wasser für Wein verkauften. Sie setzten ihre Hoffnung darauf, daß sie einem Spital immer unvermischten Wein für die Messe geliefert hatten, aber das half ihnen nichts, und nichts den Schneidern, da sie sagten, sie hätten immer das Jesuskind in den Kirchen eingekleidet – alle wurden so abgefertigt, wie zu erwarten gewesen war.

Es kamen drei oder vier reiche Bankleute daher, die verlangten nach ihren Posten, worauf ein Teufel sagte:

«Posten? Wollen sie selbst hier noch fett werden? Das bricht ihnen das Genick. Diesmal haben sie sich verrechnet; hier gibt es weder Posten noch Platz für sie: sie haben Bankrott gemacht.»

Und ein Teufel wandte sich an Gott und sagte:

«Alle anderen Menschen, Herr, legen Rechenschaft über ihr eigenes Vermögen ab; diese aber über fremdes Vermögen und alles Gut.» Das Urteil wurde ihnen gesprochen, ich hörte es nicht recht, aber sie verschwanden.

Ein Edelmann kam so würdevoll daher, als wolle er dem Gericht, das ihn erwartete, in nichts nachstehen; dabei machte er allen tiefe Verbeugungen und mit der Hand eine Geste, wie einer, der aus einer Wasserlache trinkt. Er trug eine so gewaltige Halskrause, daß man nicht sehen konnte, ob er auch einen Kopf hatte. Ein Türsteher fragte ihn auf Gottes Geheiß, ob er ein Mensch sei, und er antwortete mit vielen Artigkeiten «Ja», und im übrigen heiße er Don Soundso, auf seine Ritterehre! Ein Teufel lachte und sagte:

«Dieser Kerl brennt vor Gier, in der Hölle zu schmoren.»

Sie fragten ihn, was er wolle, und er antwortete:

«Selig werden.»

Er wurde den Teufeln übergeben, die sollten ihn durchwalken, er aber hatte nur Angst, sie könnten ihm die Krause zerknittern.

Hinter ihm trat ein Mensch schreiend ein und sagte:

«Obgleich ich schreie, steht mein Handel nicht schlecht:

cuantos santos hay en el cielo, o a los más, he sacudido el polvo.

Todos esperaban ver un Diocleciano o Nerón, por lo de sacudir el polvo; y vino a ser un sacristán que se acostaba con los retablos, y se había ya con esto puesto en salvo, sino que dijo un diablo que se bebía el aceite de las lámparas y echaba la culpa a una lechuza, por lo cual habían muerto sin ellas; que pellizcaba de los ornamentos para vestirse;

que heredaba en vida las vinajeras, y que tomaba alforzas a los oficios. No sé qué descargo se dio, que le enseñaron el camino de la mano izquierda.

Dando lugar unas damas alcorzadas que comenzaron a hacer melindres de las malas figuras de los demonios. Dijo un ángel a Nuestra Señora que habían sido devotas de su nombre aquéllas, que las amparase. Y replicó un diablo que también fueron enemigas de su castidad.

— Sí, por cierto — dijo una que había sido adúltera.

Y el demonio la acusó que había tenido un marido en ocho cuerpos, que se había casado de por junto en uno para mil. Condenóse esta sola, y iba diciendo:

— Ojalá supiera que me había de condenar, que no hubiera oído misa los días de fiesta.

En esto que era todo acabado, quedaron descubiertos Judas, Mahoma y Martín Lutero, y preguntando un ministro cuál de los tres era Judas, Lutero y Mahoma dijeron cada uno que él. Y corrióse Judas tanto que dijo en altas voces:

— Señor, yo soy Judas, y bien conocéis vos que soy mucho mejor que éstos, porque si os vendí remedié al mundo; y éstos vendiéndose a sí y a vos, lo han destruido todo.

Fueron mandados quitar delante. Y un ángel que

fast alle Heiligen, die es im Himmel gibt, habe ich vom Staube befreit!»

Alle meinten nun einen Diokletian oder Nero auftreten zu sehen, denn er hatte die Heiligen vom Erdenstaub befreit – da war es ein Mesner, der um die Altäre herumgestrichen war; damit wäre er schon gerettet gewesen, aber ein Teufel sagte, er habe das Lampenöl versoffen und die Schuld einer Eule zugeschoben, so habe er ihnen, ohne daß sie eine Schuld auf sich geladen hätten, das Lebenslicht ausgeblasen; auch habe er Priestergewänder geraubt, um sich Stoff für Kleider zu verschaffen, und zu Lebzeiten die Meßkännchen um den Wein beerbt sowie das Geld aus dem Klingelbeutel gestohlen. Ich weiß nicht, was er zu seiner Verteidigung vorbrachte – sie wiesen ihm jedenfalls den Weg zur Linken.

Ein Engel machte einigen zuckersüßen Frauenzimmerchen Platz, die sich angesichts der garstigen Teufelsfratzen sehr zierten, und sagte zur Mutter Gottes, jene hätten immer ihren heiligen Namen verehrt und sie möge sie beschützen. Ein Teufel erwiderte, sie seien Feindinnen ihrer Keuschheit gewesen.

«Und ob!» sagte eine Ehebrecherin darauf.

Und der Dämon schuldigte sie an, sie habe einen Gatten in acht Leibern gehabt und sich in einem Leib mit tausend Leibern vermählt. Sie wurde verdammt; sie zog ab und sagte:

«Hätte ich nur gewußt, daß ich verdammt würde, dann hätte ich nicht an Sonn- und Feiertagen die Zeit mit dem Messehören verloren.»

Als nun alles zu Ende war, stand niemand mehr vor Judas, Mohammed und Martin Luther. Ein Teufel fragte, welcher von den dreien Judas sei, und Luther und Mohammed antworteten jeder, er sei Judas, worüber dieser sich so erboste, daß er laut schrie:

«Herr, ich bin Judas, und Ihr wißt, daß ich viel besser bin als diese, denn ich verkaufte Euch und rettete so die Welt, und diese haben sich und Euch verkauft und die Welt zugrunde gerichtet!»

Es wurde ihnen befohlen, zu verschwinden, und ein Engel,

tenía la copia, halló que faltaban por juzgar alguaciles y corchetes. Llamáronlos, y fue de ver que
asomaron al puesto muy tristes, y dijeron:

– Aquí lo damos por condenado, no es menester
nada.

No bien lo dijeron, cuando, cargado de astrola-
bios y globos, entró un astrólogo dando voces y
diciendo que se habían engañado, que no había de
ser aquel día el del Juicio, porque Saturno no había
acabado sus movimientos ni el de trepidación el
suyo. Volvióse un diablo, y viéndole tan cargado
de madera y papel le dijo:

– Ya os traéis la leña con vos como si supiérades
que de cuantos cielos habéis tratado en vida, estáis
de manera que, por la falta de uno solo, en muerte
os iréis al infierno.

– Eso no iré yo – dijo él.

– Pues llevaros han.

Y así se hizo.

Con esto se acabó la residencia y tribunal; huyeron las sombras a su lugar, quedó el aire con nuevo
aliento, floreció la tierra, rióse el cielo. Y Cristo
subió consigo a descansar en sí los dichosos por su
pasión. Y yo me quedé en el valle, y discurriendo
por él oí mucho ruido y quejas en la tierra. Lleguéme por ver lo que había, y vi en una cueva
honda (garganta del Averno) penar muchos, y, entre
otros, un letrado revolviendo no tanto leyes como
caldos; un escribano comiendo sólo letras que no
había querido sólo leer en esta vida, todos ajuares
del infierno. Las ropas y tocados de los condenados estaban prendidos, en vez de clavos y alfileres,
con alguaciles; un avariento contando más duelos
que dineros, un médico pensando en un orinal, y
un boticario en una melecina. Dióme tanta risa
ver esto que me despertaron las carcajadas. Y fue
mucho quedar de tan triste sueño más alegre que
espantado.

der das Register hatte, fand, daß nur mehr die schlechten Büttel und Häscher zu richten seien. Man rief sie, und da hätte man sehen sollen, wie niedergeschlagen sie zur Stätte kamen. Sie sagten:

«Wir sind verdammt, Beweise sind nicht nötig!»

Kaum hatten sie das gesagt, als ein Astrologe mit Astrolabien und Himmelskugeln beladen eintrat und schrie, man hätte sich geirrt; an diesem Tage könne nicht das letzte Gericht und Urteil sein, Saturn habe seine Kreise noch nicht vollendet, auch sei sein eigenes Urteil und sein Verstand noch in Trepidation begriffen. Ein Teufel drehte sich um, sah, wie hoch er mit Holz und Papier beladen war, und sagte:

«Ihr bringt gleich das Brennholz mit, als hättet Ihr geahnt, daß Ihr zur Hölle fahren werdet, weil Euch beim Tode ein einziger Himmel fehlt, nachdem Ihr im Leben von so vielen zu reden gewußt habt.»

«Zur Hölle? – nie!» sagte er.

«So wird man Euch dorthin bringen.»

Und so geschah es.

Damit endete Rechenlegung und Gericht. Die Schatten flohen an ihren Ort, durch die Luft ging wieder ein Hauch, die Erde blühte, der Himmel lächelte, und Christus führte die durch sein Leiden Seligen aufwärts, in ihm zu ruhen. Ich blieb im Tal, und da ich es durchwanderte, hörte ich großes Getöse und Klagen aus der Tiefe. Ich ging näher, um zu sehen, was es gebe, und sah in einem tiefen Kessel, der Schlucht des Avernus, viele leiden, darunter einen Rechtsgelehrten, der wälzte nicht Gesetze im Hirn, sondern alten Kohl, und ein Schreiber verschluckte lauter Buchstaben, die er im Leben nicht einmal hatte lesen wollen: alle eine Zierde der Hölle. Kleider und Kopfputz der Verdammten wurden nicht von Nägeln oder Nadeln festgehalten, sondern von Häschern. Ein Geiziger zählte mehr Leiden als Geld, ein Arzt dachte an sein Harnglas, ein Apotheker an die Arznei.

Als ich das sah, mußte ich so lachen, daß das Gelächter mich aus dem Schlaf riß; und es hieß viel, nach einem so traurigen Traum eher lustig zu sein als erschrocken.

Sueños son estos que, si se duerme vuestra excelencia sobre ellos, verá que por ver las cosas como las veo las esperará como las digo.

*Fin del Juicio Final*

Träume sind dies – sollten Eure Exzellenz darüber einschlafen, werdet Ihr feststellen, daß ihr alles so seht, wie ich es sehe, und darum alles so erwarten, wie ich es erzähle.

*Ende des Jüngsten Gerichts*

Yo, señores, aunque no queráis saberlo, quiero que sepáis que soy extranjero, y de nación polaco; muchacho salí de mi tierra, y vine a España, como a centro de los extranjeros y a madre común de las naciones: serví a españoles, aprendí la lengua castellana de la manera que veis que la hablo, y, llevado del general deseo que todos tienen de ver tierras, vine a Portugal a ver la gran ciudad de Lisboa, y, la misma noche que entré en ella, me sucedió un caso que, si le creyéredes, haréis mucho, y si no, no importa nada, puesto que la verdad ha de tener siempre su asiento, aunque sea en sí misma.

Digo que la primera noche que entré en Lisboa, yendo por una de sus principales calles o rúas, como ellos las llaman, por mejorar de posada, que no me había parecido bien una donde me había apeado, al pasar de un lugar estrecho y no muy limpio, un embozado portugués con quien encontré me desvió de sí con tanta fuerza que tuve necesidad de arrimarme al suelo. Despertó el agravio la cólera, remití mi venganza a mi espada, puse mano, púsola el portugués con gallardo brío y desenvoltura, y la ciega noche, y la fortuna más ciega, a la luz de mi mejor suerte, sin saber yo adónde, encaminó la punta de mi espada a la vista de mi contrario, el cual, dando de espaldas, dió el cuerpo al suelo y el alma adonde Dios se sabe. Luego me representó el temor lo que había hecho; pasméme; puse en el huir mi remedio; quise huir, pero no sabía adónde; mas el rumor de la gente que me pareció que acudía me puso alas en los pies, y, con pasos desconcertados, volví la calle abajo buscando dónde esconderme o adónde tener

*Miguel de Cervantes Saavedra*
*Freunde gewinnen*

Meine Herren, auch wenn Ihr es nicht wissen wollt, werde ich es euch sagen: ich bin ein Fremdling und stamme aus Polen. Als Kind verließ ich meine Heimat und kam nach Spanien, denn da, bei der gemeinsamen Mutter der Völker, strömen alle Fremden zusammen. Ich stand bei Spaniern in Dienst und lernte die kastilische Sprache so, wie ihr mich jetzt reden hört. Ich ließ mich wie alle vom Wunsch treiben, die Welt kennen zu lernen, und so kam ich nach Portugal, um die große Stadt Lissabon zu sehen; da erlebte ich gleich nach meiner Ankunft schon am ersten Tag etwas – wenn ihr es glaubt, vollbringt ihr Großes, und wenn nicht, ist es auch gleich, denn die Wahrheit wird immer ihren Platz haben, und sei er auch nur bei sich selbst.

Nun denn, als ich am ersten Abend nach meiner Ankunft in Lissabon durch eine der Hauptstraßen ging – die dort Rúas heißen – und auf der Suche nach einer besseren Herberge – denn die, in der ich abgestiegen war, gefiel mir nicht – an einer engen und nicht sehr sauberen Stelle vorbeikam, wurde ich von einem verhüllten Portugiesen, mit dem ich zusammentraf, mit solcher Wucht zur Seite gestoßen, daß ich mich auf dem Boden abstützen mußte. Die Beleidigung trieb mir die Galle hoch, ich vertraute meine Rache dem Schwert an, zückte es, der freche Portugiese ebenfalls mit ungestümem Hochmut, die blinde Nacht und das noch blindere Glück lenkten angesichts meines offenbar günstigeren Geschicks die Spitze meiner Waffe, ohne daß ich wußte wohin, ins Auge meines Gegners, er fiel rücklings um, der Körper schlug auf den Boden, und die Seele fuhr heraus, weiß Gott wohin. Dann führte mir die Furcht vor Augen, was ich getan hatte; ich erstarrte; ich sah mein Heil in der Flucht, wollte fortlaufen, wußte aber nicht wohin; das Geräusch von Leuten, die ich glaubte herannahen zu hören, beflügelte meine Füße; mit unsicheren Schritten lief ich die Straße wieder hinunter und suchte einen Winkel, um mich zu

lugar de limpiar mi espada, porque si la justicia me cogiese no me hallase con manifiestos indicios de mi delito.

Yendo, pues, así ya del temor desmayado, vi una luz en una casa principal, y arrojéme a ella sin saber con qué designio. Hallé una sala baja abierta y muy bien aderezada; alargué el paso y entré en otra cuadra, también bien aderezada, y llevado de la luz que en otra cuadra parecía, hallé en un rico lecho echada una señora, que, alborotada, sentándose en él, me preguntó quién era, qué buscaba y adónde iba y quién me había dado licencia de entrar hasta allí con tan poco respeto. Yo le respondí:

— Señora, a tantas preguntas no os puedo responder sino sólo con deciros que soy un hombre extranjero, que, a lo que creo, dejó muerto a otro en esa calle, más por su desgracia y su soberbia que por mi culpa. Suplícoos, por Dios y por quien sois, que me escapéis del rigor de la justicia, que pienso que me viene siguiendo...

— ¿Sois castellano? — me preguntó en su lengua portuguesa.

— No, señora — le respondí yo —, sino forastero y bien lejos de esta tierra.

— Pues aunque fuérades mil veces castellano — replicó ella —, os librara yo, si pudiera, y os libraré, si puedo. Subid por cima de este lecho y entraos debajo de este tapiz, y entraos en un hueco que aquí hallaréis; y no os mováis, que si la justicia viniere me tendrá respeto y creerá lo que yo quisiere decirles.

Hice luego lo que mandó: alcé el tapiz, hallé el hueco, estrechéme en él, recogí el aliento y comencé a encomendarme a Dios lo mejor que pude; y estando en esta confusa aflicción entró un criado de casa, diciendo casi a gritos:

— Señora, a mi señor don Duarte han muerto; aquí le traen pasado de una estocada de parte a parte

verstecken und Gelegenheit zu haben, mein Schwert abzuwischen, damit die Büttel bei einer Verhaftung nicht so offensichtliche Beweise für mein Verbrechen auf mir finden.

Ich lief also weiter, vor Angst schon fast von Sinnen, als ich in einem herrschaftlichen Haus ein Licht sah und hineinstürzte, ohne zu wissen weshalb und wozu. Ich kam in einen niedrigen offenen Saal, der sehr schön ausgestattet war, ging weiter und betrat wieder einen sehr schön eingerichteten Raum; angelockt von einem Licht, das aus einem anderen Zimmer herüberschien, ging ich weiter; da stand ich vor einem reichen Bett, worin eine Frau lag, die erschrocken auffuhr und mich fragte, wer ich sei, was ich suche und wohin ich wolle und wer mir überhaupt die Erlaubnis gegeben habe, so unziemlich bei ihr einzudringen. Ich antwortete:

«Gnädige Frau, auf so viele Fragen kann ich Euch nur entgegnen, daß ich ein Fremdling bin und glaube, hier auf der Straße einen Mann getötet zu haben, aber eher wegen eines unglücklichen Zufalls oder seines Hochmuts als durch mein Verschulden. Ich flehe Euch an, bei Gott und bei allem, was Ihr seid, rettet mich aus der Gewalt der Polizei, die, so glaube ich, hinter mir her ist...»

«Seid Ihr Kastilier?» fragte sie mich in ihrer portugiesischen Sprache.

«Nein, gnädige Frau», antwortete ich ihr, «ich bin ein Fremdling und komme aus einem sehr fernen Land.»

«Nun, auch wenn Ihr tausendmal Kastilier wärt», antwortete sie, «ich würde Euch retten, wenn ich könnte, und ich werde Euch retten, wenn ich kann. Hinter dem Wandteppich über diesem Bett findet Ihr einen Hohlraum; da kriecht hinein und rührt Euch nicht, denn wenn die Häscher kommen sollten, werden sie mir mit Achtung begegnen und glauben, was ich ihnen zu sagen beliebe.»

Ich tat sogleich, wie sie mir gebot: ich hob den Teppich, fand den Hohlraum, kroch hinein, hielt den Atem an und empfahl mich Gott, so gut ich es vermochte; so kauerte ich bekümmert und verzagt da oben, als ein Diener des Hauses fast schreiend ins Zimmer stürmte:

«Señora, man hat meinen Herrn Don Duarte umge-

por el ojo derecho, y no se sabe el matador ni la ocasión de la pendencia, en la cual apenas se oyeron los golpes de las espadas; solamente hay un muchacho que dice que vio entrar un hombre huyendo en esta casa.

— Ese debe de ser el matador, sin duda — respondió la señora —, y no podrá escaparse. ¡Cuántas veces temía yo, ¡ay desdichada!, ver que traían a mi hijo sin vida, porque de su arrogante proceder no se podían esperar sino desgracias!

En esto, en hombros de otros cuatro, entraron al muerto y le tendieron en el suelo, delante de los ojos de la afligida madre, la cual, con voz lamentable, comenzó a decir:

— ¡Ay, venganza, y cómo estás llamando a las puertas del alma! Pero no consiente que responda a tu gusto el que yo tengo de guardar mi palabra. ¡Ay, con todo esto, dolor, que me aprietas mucho!

Considerad, señores, cuál estaría mi corazón oyendo las apretadas razones de la madre, a quien la presencia del muerto hijo me parecía a mí que le ponía en las manos mil géneros de muerte con que de mí se vengase, que bien estaba claro que había de imaginar que yo era el matador de su hijo. Pero ¿qué podía hacer yo entonces sino callar y esperar en la misma desesperación? Y más cuando entró en el aposento la justicia, que con comedimiento, dijo a la señora:

— Guiados por la voz de un muchacho, que dice que se entró en esta casa el homicida de este caballero, nos hemos atrevido a entrar en ella.

Entonces yo abrí los oídos y estuve atento a las respuestas que daría la afligida madre, la cual respondió, llena el alma de generoso ánimo y de piedad cristiana:

— Si ese tal hombre ha entrado en esta casa, no, al menos, en esta estancia; por allá le pueden buscar, aunque plegue a Dios que no le hallen, porque

bracht; da tragen sie ihn herein; am rechten Auge hat ihn ein Stich gänzlich durchbohrt, man kennt weder den Täter noch die Ursache der Auseinandersetzung, denn es war fast kein Waffengeklirr zu hören; nur ein Knabe sagte, daß er einen fliehenden Mann dieses Haus betreten sah.»

«Das muß der Täter sein, kein Zweifel», antwortete die Dame, «und hier kann er nicht entkommen. Ach, ich Unglückliche! wie oft schon fürchtete ich, erleben zu müssen, daß man mir meinen Sohn tot ins Haus trage, denn von seinem Hochmut war ja nur Unglück zu erwarten.»

Währenddessen trugen vier weitere Diener den Toten auf den Schultern herein und legten ihn vor den Augen der schmerzbewegten Mutter auf den Boden, welche mit klagender Stimme zu sprechen anfing:

«Rache, ach! wie klopfst du an die Tore meiner Seele! Aber sie gestattet nicht, daß ich deinem Wunsch entspreche, denn ich muß mein Wort halten. Aber trotz allem, Schmerz, du beklemmst mich sehr!»

Stellt euch vor, meine Herren, was ich empfand, als ich die Wehklage der Mutter hörte; mir schien, die Gegenwart ihres toten Sohnes müßte ihr tausend Tötungsarten in die Hand geben, womit sie sich an mir rächen könnte, denn es war klar, daß sie sich sehr wohl vorstellen konnte, daß ich ihren Sohn umgebracht hatte. Aber was konnte ich nun anderes tun, als schweigen und bei aller Verzweiflung hoffen? Erst recht, als die Häscher nun das Zimmer betraten und die Dame ruhig und höflich anredeten:

«Ein Knabe hat uns hierher gewiesen, der sagte, der Mann, der diesen Jüngling umgebracht hat, sei in dieses Haus hineingegangen, und auf sein Wort hin haben wir gewagt, es zu betreten.»

Ich spitzte die Ohren und horchte gespannt, was für eine Antwort die Mutter in ihrem Schmerz geben würde, und sie erwiderte großherzig und voll christlichen Erbarmens:

«Wenn der Mann in dieses Haus hereingekommen ist, so jedenfalls nicht in dieses Zimmer; sucht ihn also anderswo, und gebe Gott, daß ihr ihn nicht findet, denn schlecht läßt

mal se remedia una muerte con otra, y más cuando las injurias no proceden de malicia.

Volvióse la justicia a buscar la casa, y volvieron en mí los espíritus que me habían desamparado. Mandó la señora quitar delante de sí el cuerpo muerto del hijo, y que le amortajasen y desde luego diesen orden en su sepultura; mandó asimismo que la dejasen sola, porque no estaba para recibir consuelos y pésames de infinitos que venían a dárselos, ansí de parientes como de amigos y conocidos. Hecho esto, llamó a una doncella suya que, a lo que pareció, debió de ser de la que más se fiaba, y habiéndola hablado al oído, la despidió, mandándole cerrase tras sí la puerta; ella lo hizo así, y la señora, sentándose en el lecho, tentó el tapiz, y, a lo que pienso, me puso las manos sobre el corazón, el cual, palpitando apriesa, daba indicios del temor que lo cercaba; ella, viendo lo cual, me dijo con baja y lastimada voz:

— Hombre, quienquiera que seas, ya ves que me has quitado el aliento de mi pecho, la luz de mis ojos y, finalmente, la vida que me sustentaba; pero, porque entiendo que ha sido sin culpa tuya, quiero que se oponga mi palabra a mi venganza; y así, en cumplimiento de la promesa que te hice de librarte cuando aquí entraste, has de hacer lo que ahora te diré: ponte las manos en el rostro, porque si yo me descuido en abrir los ojos, no me obligues a que te conozca, y sal de ese encerramiento, y sigue a una mi doncella que ahora vendrá aquí, la cual te pondrá en la calle y te dará cien escudos de oro con que facilites tu remedio. No eres conocido, no tienes ningún indicio que te manifieste; sosiega el pecho, que el alboroto demasiado suele descubrir al delincuente.

En esto volvió la doncella; yo salí detrás del paño, cubierto el rostro con la mano, y, en señal de agradecimiento, hincado de rodillas, besé el pie de

sich ein Todschlag mit einem weiteren sühnen, schon gar nicht, wenn die Verbrechen nicht aus Arglist geschehen.»

Die Häscher gingen hinaus und durchsuchten das Haus, und in mir erwachten die Lebensgeister wieder, die mir geschwunden waren. Die Dame befahl, daß der Leichnam ihres Sohnes weggetragen und aufgebahrt werde, und selbstverständlich solle die Beerdigung angeordnet werden. Außerdem solle man sie jetzt allein lassen, denn sie sei nicht imstande, Beileidsbesuche zu empfangen und Trostworte all der vielen Leute zu hören, die sich in dieser Absicht einfanden, seien es Verwandte, Freunde oder Bekannte. Danach rief sie eine Kammerfrau, allem Anschein nach eine, die ihr besonderes Vertrauen genoß, flüsterte ihr etwas ins Ohr und hieß sie hinausgehen und die Tür hinter sich schließen. Sie tat es, die Dame richtete sich im Bett auf, tastete nach dem Wandteppich und legte, wie ich meine, ihre Hand auf mein rasend pochendes Herz – ein Hinweis auf die Angst, die es einschnürte. Sie spürte es und sagte mit leiser schmerzerfüllter Stimme zu mir:

«Mann, wer du auch seist, du siehst, du hast mir die Atemluft aus der Brust geraubt, mein Augenlicht, schießlich das Leben, das mich erhalten sollte; aber weil ich einsehe, daß dich keine Schuld trifft, soll mein Wort meiner Rache entgegenstehen. Ich will also mein Versprechen einlösen, das ich dir gab, als du hier hereinkamst; du wirst frei sein, wenn du tust, was ich dir nun auftrage: halte dir die Hände vors Gesicht, denn sollte ich aus Unachtsamkeit meine Augen öffnen, will ich nicht genötigt sein, dich zu kennen; komm aus deinem Versteck hervor und folge meiner Dienerin, die jetzt gleich hereinkommen wird; sie führt dich dann auf die Straße hinaus und gibt dir hundert Gold-Escudos, um dir das Entkommen zu erleichtern. Niemand kennt dich, du hast nichts an dir, was dich verdächtig macht; beruhige dich, denn Erregung verrät nur zu leicht den Verbrecher.»

In diesem Augenblick kam die Dienerin herein, ich kroch mit den Händen vor dem Gesicht hinter dem Wandteppich hervor, und zum Zeichen der Dankbarkeit kniete ich nieder und küßte immer wieder den Fuß der Dame, dann folgte ich

la dama muchas veces, y luego seguí los de la doncella, que allí mismo, callando, me asió del brazo, y por la puerta falsa de un jardín, a escuras, me puso en la calle. En viéndome en ella, lo primero que hice fue limpiar la espada, y con sosegado paso salí acaso a una calle principal, de donde reconocí mi posada, y me entré en ella, como si por mí no hubiera pasado ni próspero suceso ni adverso. Contóme el huésped la desgracia del recién muerto caballero, y así exageró la grandeza de su linaje, como la arrogancia de su condición, de la cual se creía le habría granjeado algún enemigo secreto que a semejante término le hubiese conducido.

Pasé aquella noche dando gracias a Dios de las recibidas mercedes y ponderando el valeroso y nunca visto ánimo cristiano y admirable proceder de doña Guiomar de Sosa, que así supe se llamaba mi bienhechora; salí por la mañana al río, y hallé en él un barco lleno de gente que se iba a embarcar en una gran nave que en Sangian estaba de partida para las Islas Orientales; volvíme a mi posada, vendí a mi huésped la cabalgadura, y cerrando todos mis discursos en el puño volví al río y al barco, y otro día me hallé en el gran navío fuera del puerto, dadas las velas al viento, siguiendo el camino que se deseaba.

der Kammerfrau, die mich schweigend am Arm nahm und zu einem versteckten Gartentor führte, wo sie mich auf die dunkle Straße hinaus entließ. Als ich draußen stand, wischte ich zuerst einmal mein Schwert ab und ging ruhigen Schrittes weg; eher zufällig gelangte ich auf eine Hauptstraße, wo ich meine Herberge wieder erkannte und eintrat, als ob ich weder etwas Erquickliches noch etwas Widriges erlebt hätte. Der Wirt erzählte mir von dem Unglück, das einem Herrn von Stand das Leben gekostet hatte; maßlos übertrieb er dabei seine großartige Abstammung wie auch sein hochmütiges Wesen, und daraus sei ihm sicher, wie er meinte, irgendein heimlicher Feind erwachsen, der ihm nun diesen Tod bereitet hatte.

Diese ganze Nacht verbrachte ich damit, Gott für die empfangenen Gnaden zu danken, und lange dachte ich über die einmalig mutige christliche Gesinnung und das bewundernswerte Vorgehen von Doña Guiomar de Sosa nach, denn so hieß meine Wohltäterin, wie ich später erfuhr. Am Morgen ging ich zum Fluß hinunter und sah dort ein Boot voller Leute; sie wollten draußen in San Gian ein großes Schiff besteigen, das dort zur Überfahrt nach den Ostinseln bereitlag. Ich ging zu meiner Herberge zurück, verkaufte dem Wirt mein Pferd, enthielt mich des Redens, ging wieder zum Boot unten am Fluß und befand mich am anderen Tag schon außerhalb des Hafens auf dem großen Schiff, das mit geblähten Segeln den gewünschten Kurs nahm.

En Madrid, hija heredera emancipada de nuestra imperial Toledo, que habiéndola puesto en estado y casado sucesivamente con cuatro monarcas del mundo (uno, Carlos V, y tres Filipos), agora que se ve Corte, menos cortesana y obediente que debiera, quebrantando el cuarto mandamiento, le usurpa, con los vecinos que cada día le soborna, la autoridad de padre tan digno de ser venerado, vivían pocos tiempos ha tres mujeres hermosas, discretas y casadas: la primera, con el cajero de un acaudalado ginovés, en cuyo servicio ocupado siempre, tenía lugar de asistir en su casa solamente los medios días a comer y las noches a dormir; la segunda tenía por marido a un pintor de nombre, que en fe de crédito de sus pinceles trabajaba, más había de un mes, en el retablo de un monasterio de los más insignes de aquella Corte, sin permitirle sus tareas más tiempo para su casa que al primero, pues las fiestas que daban treguas a sus estudios eran necesarias para divertir melancolías que la asistencia contemplativa de este ejercicio comunica a sus profesores; y la tercera padecía los celos y años de un marido que pasaba de los cincuenta, sin otra ocupación que de martirizar a la pobre inocente, sustentándose los dos de los alquileres de dos casas razonables que, por ocupar buenos sitios, les rentaba lo suficiente para pasar, con la labor de la afligida mujer, con mediana comodidad, la vida.

Eran todas tres muy amigas, por haber antes vivido en una misma casa, aunque agora habitaban barrios no poco distantes; y por el consiguiente, los maridos profesaban la misma amistad, comunicándose ellas algunas veces que iban a visitar a la

*Tirso de Molina*
*Die drei genarrten Ehemänner*

In Madrid, der selbständig gewordenen Erbtochter unseres
kaiserlichen Toledo, welches sie heiratsfähig gemacht und
nacheinander mit vier Weltherrschern vermählt hat (erst mit
Karl V., dann mit drei Philippen) und nun feststellen muß,
daß sie, seit sie sich als Sitz des Hofes sieht, weniger höflich
und folgsam ist, als sie sein müßte, denn sie mißachtet dauernd das Vierte Gebot und raubt zusammen mit den täglich
sie bestechenden Nachbarorten der so verehrungswürdigen
Vaterstadt die Herrschaftswürde, – hier also lebten vor noch
nicht langer Zeit drei schöne und kluge Frauen; alle drei
waren verheiratet: die erste mit dem Zahlmeister eines
wohlhabenden Genuesen, in dessen Diensten er stets so beschäftigt war, daß er zu Hause nur mittags zum Essen und
nachts zum Schlafen erschien; – die zweite hatte einen be-
kannten Maler zum Mann, der im Vertrauen auf die Kraft
seiner Pinsel seit mehr als einem Monat am Altarbild eines
der bedeutendsten Klöster in der Residenzstadt arbeitete,
welche Aufgabe ihm nicht mehr Zeit ließ, zu Hause zu erscheinen, als dem ersten, denn die Feiertage, an denen er sich
von seiner geistigen Anstrengung erholen konnte, brauchte
er, um die Schwermut zu zerstreuen, die sich bei der Versen-
kung in eine derartige Aufgabe derer bemächtigt, die damit
betraut sind; – die dritte litt unter der Eifersucht und dem
Alter ihres Gatten, denn dieser hatte bereits die Fünfzig
überschritten und wußte nichts anderes zu tun, als die arme
unschuldige Frau zu quälen, die trotz ihres Kummers mit
ihrem Fleiß dazu beitrug, daß die Mieteinnahmen aus zwei
recht schönen Häusern an sehr guter Lage ausreichten, den
beiden ein einigermaßen bequemes Leben zu gestatten.
    Die drei Frauen hatten früher im gleichen Haus gewohnt
und waren miteinander befreundet, obwohl sie jetzt in weit
auseinander liegenden Stadtvierteln lebten, und daher kam
es, daß auch die Ehemänner die gleiche Freundschaft unter-
einander pflegten; die Frauen verabredeten sich manchmal,

mujer del celoso; porque la pobre, si su marido no la llevaba consigo, era imposible poderles pagar las visitas, y ellos, los días de fiesta, o en la comedia o en la esgrima y juego de argolla, andaban de ordinario juntos.

Un día, pues, estaban las tres amigas en casa del celoso, contándoles ella sus trabajos, la vigilancia impertinente de su marido, las pendencias que le costaba el día que salía a misa, – que con ser al amanecer y en su compañía, aun de las puntas del manto, porque la llegaban a la cara, tenía celos, – y ellas, compadeciéndose de sus persecuciones, la consolaban; habiendo venido los suyos, y estando merendando todos seis, concertaron para el día de San Blas, que se acercaba, salir al sol y a ver al rey, que se decía iba a Nuestra Señora de Atocha aquella tarde, y por ser un día de jueves de compadres, llevar con qué celebrar en una huerta allí cercana la solenidad de esta fiesta, que aunque no está en el calendario, se soleniza mejor que las de Pascua; habiendo hecho no poco en alcanzar licencia para que la del celoso necio se hallase en ella.

Cumplióse el plazo y la merienda, después de la cual, asentadas ellas al sol, que le hacía apacible, oyendo muchas quejas de la malmaridada, y ellos jugando a los bolos en otra parte de la misma huerta, sucedió que, reparando en una cosa que relucía en un montoncillo de basura a un rincón de ella, dijese la mujer del celoso:

– ¡Válgame Dios! ¿Qué será aquello que brilla tanto?

Miráronla las dos, y dijo la del cajero:

– Ya podría ser joya que se le hubiese perdido aquí a alguna de las muchas damas que se entretienen en esta huerta semejantes días.

Acudió solícita a examinar lo que era la pintora, y sacó en la mano una sortija de un diamante hermoso, y tan fino, que a los reflejos del sol parece

die Gattin des Eifersüchtigen zu besuchen, denn die Arme konnte unmöglich Besuche erwidern, wenn ihr Gemahl sie nicht mitnahm, und die Männer hatten die Gewohnheit, an Festtagen gemeinsam zum Lustspiel, zum Fechten oder zum Argollaspiel* zu gehen.

Eines Tages nun saßen die Freundinnen im Haus des Eifersüchtigen; seine Frau erzählte von ihren Sorgen – von der dreisten Überwachung durch ihren Gatten, vom Gezänk, das sie der Tag der Messe kostete, denn obwohl sie frühmorgens an seiner Seite zur Kirche ging, war er sogar eifersüchtig auf den Spitzensaum ihres Schleiers, weil er ihr bis ins Gesicht reichte; die Freundinnen hörten sich ihre Nöte mitleidig an und trösteten sie. Als die Männer eintrafen, vesperten alle sechs; sie verabredeten für den bevorstehenden Sankt-Blasius-Tag einen Spaziergang an der Sonne, um den König zu sehen; es hieß, an jenem Nachmittag werde er die Marienkirche in Atocha besuchen. Da es ein geselliger Nachmittag würde, beschlossen sie, das Nötige mitzunehmen, um in einem nahen Garten den Festtag gebührend zu begehen, denn obwohl er nicht im Kalender steht, wird er aufwendiger gefeiert als das Osterfest. Deswegen setzten sie auch alles daran, vom albernen Eifersüchtigen die Erlaubnis zu erhalten, daß seine Gattin dabei sein dürfe.

Die Verabredung war eingehalten worden und der Vesperschmaus vorbei; nun saßen die Frauen an der angenehm wärmenden Sonne beisammen und hörten sich die vielen Klagen der unglücklich verheirateten Freundin an, während die Männer anderswo im Garten dem Kegelspiel oblagen. Da sah die Frau des Eifersüchtigen aus einem Häufchen Abfall in einem Winkel etwas glänzen und sagte unvermittelt:

«Mein Gott, was kann das sein, was da so blitzt?»

Beide schauten sie an, und die Frau des Zahlmeisters sagte: «Es könnte wohl ein Schmuckstück sein, das eine der vielen Damen verloren hat, die sich an solchen Tagen in diesem Garten vergnügen.»

Sogleich eilte die Frau des Malers hin, um es sich genauer anzusehen, und schon hob sie einen Ring mit einem wunderschönen feinen Diamanten auf, der im Sonnenlicht strahlte,

que se transformaba en él. Acodiciáronse las tres amigas al interés que prometía tan rico hallazgo; y alegando cada cual en su derecho, afirmaban que le pertenecía de justicia el anillo. La primera decía que habiéndolo sido en verle, tenía más acción que las demás a poseerle; la segunda afirmaba que adivinando ella lo que fue, no había razón de usurpársele, y la tercera replicaba a todas que siendo ella quien le sacó de tan indecente lugar, hallando por experiencia lo que ellas se sospecharon en duda, merecía ser solamente señora de lo que le costó más trabajo que a las demás.

Pasara tan adelante esta porfía, que viniendo a noticia de sus maridos pudiera ser ocasionaran en ellos alguna pendencia sobre la acción que pretendía cada una de ellas, si la del pintor, que era más cuerda, no les dijera:

— Señoras, la piedra, por ser tan pequeña y consistir su valor en conservarse entera, no consentirá partirse. El venderla es lo más seguro, y dividir el precio entre todas, antes que venga a noticia de nuestros dueños y nos priven de su interés o sobre su entera posesión riñan y sea esta sortija la manzana de la discordia. Pero ¿quién de nosotras será su fiel depositaria, sin que las demás se agravien o haya segura confianza de quien se tiene por legítima poseedora desta pieza? Allí está paseándose con otros caballeros el conde mi vecino. Comprometamos en él, llamándole aparte, nuestras diferencias, y pasemos todas por lo que sentenciare.

— Soy contenta — dijo la cajera —; que ya le conozco, y fío de su buen juicio y mi derecho que saldré con el pleito.

— Yo y todo — respondió la malcasada —. Pero ¿cómo me atreveré a informarle de mi justicia, estando a vista de mi escrupuloso viejo, siendo el conde mozo y ciertos los celos, con el juego de manos tras ellos?

als wolle er sich darein verwandeln. Angesichts des Gewinns, den ein so reicher Fund versprach, wurde die Habgier der drei Frauen geweckt, und jede pochte auf ihren rechtmäßigen Anspruch an dem Ring. Die erste sagte, sie habe den Ring gesehen und somit mehr geleistet als die anderen, ihn zu besitzen; die zweite behauptete, sie habe vermutet, worum es sich handeln könnte, und darum gebe es keinen Grund, ihn ihr wegzunehmen; darauf erwiderte die dritte, sie habe ihn aus dem Abfall geholt und damit handgreiflich bewiesen, woran die andern nur herumgerätselt hatten, darum verdiene sie, alleinige Besitzerin zu sein, habe sie doch mehr Mühe aufgewendet als die beiden andern.

Ihr Gezänk ging so weit, daß es, wäre es ihren Ehemännern zu Ohren gekommen, möglicherweise Anlaß zu Auseinandersetzungen über die Absicht einer jeden von ihnen gegeben hätte, wenn nicht die Malersfrau, die gescheiteste von den dreien, gesagt hätte:

«Meine Damen, der Stein ist klein und nur wertvoll, wenn er ganz bleibt; er darf also nicht geteilt werden. Das Sicherste ist, ihn zu verkaufen und den Erlös unter alle aufzuteilen, bevor unsere Männer etwas davon erfahren und uns um den Gewinn bringen oder um seinen alleinigen Besitz streiten und er so zum Zankapfel wird. Aber welche von uns ist seine beste Treuhänderin, so daß die anderen nicht beleidigt sind, oder bis sich gültig erwiesen hat, wer für die rechtmäßige Besitzerin dieses Rings zu halten ist? Da spaziert der Graf, mein Nachbar, mit anderen Herren vorbei. Rufen wir ihn beiseite, stellen wir ihm unseren Zwist anheim und fügen uns alle seinem Schiedsspruch!»

«Ich bin es zufrieden», sagte die Frau des Zahlmeisters, «denn ich kenne ihn auch und vertraue auf sein gutes Urteil und meinen Rechtsanspruch, daß die Streitsache zu meinen Gunsten ausgehen wird.»

«Ich ganz meinerseits», antwortete die unglücklich Verheiratete, «aber wie soll ich vor den Augen meines argwöhnischen Mannes ihn von meinem Rechtsanspruch in Kenntnis setzen? Der Graf ist ledig, die Eifersucht also sicher und die anschließenden Verwicklungen ebenfalls.»

En esta confusa competencia estaban las tres amigas, cuando, diciendo que pasaba el rey por la puerta, salieron corriendo sus maridos entre la demás gente a verle. Y aprovechándose ellas de la ocasión, llamaron al conde y le propusieron el caso pidiéndole la resolución dél antes que sus maridos volviesen y el más celoso llevase qué reñir a casa, poniéndole la sortija en las manos para que la diese a quien juzgase merecerla.

Era el conde de sutil entendimiento; y con la cortedad del término que le daban, respondió:

— Yo, señoras, no hallo tan declarada la justicia por ninguna de las litigantes, que me atreva a quitársela a las demás. Pero, pues habéis comprometido en mí, digo que sentencio y fallo que cada cual de vosotras, dentro del término de mes y medio, haga una burla a su marido — como no toque en su honra; — y a la que en ella se mostrase más ingeniosa, se le entregará el diamante y más cincuenta escudos que ofrezco de mi parte, haciéndome entre tanto depositario dél. Y porque vuelven vuestros dueños, manos a la labor, y adiós.

Fuése el conde, cuya satisfacción abonó la seguridad de la joya, y su codicia las persuadió a cumplir lo sentenciado. Vinieron los maridos. Y porque ya la cortedad del día daba muestras de recogerse, lo hicieron todos a sus casas, revolviendo cada cual de las competidoras las librerías de sus embelecos, para estudiar por ellos uno que la sacase victoriosa de la agudeza y posesión del ocasionador diamante.

El deseo del interés — tan poderoso en las mujeres, que la primera, por el de una manzana, dio en tierra con lo más precioso de nuestra naturaleza, — pudo tanto en la del codicioso cajero, que, habiendo sacado por el alquitara de su ingenio la quinta esencia de las burlas, hizo a su marido la que sigue:

In diesem aufgeregten Wortwechsel befanden sich die drei Freundinnen, als ihre Ehemänner ihnen zuriefen, der König fahre eben aus dem Tor heraus, und mit anderen hinauseilten, ihn zu sehen. Die Frauen nutzten die Gelegenheit, winkten den Grafen herbei, erklärten ihm den Fall und baten ihn um einen Rat, bevor die Männer wieder zurück seien und der Eifersüchtigste den Streit nach Hause tragen könne. Sie legten ihm den Ring in die Hand, damit er ihn derjenigen übergebe, die ihn nach seinem Urteil verdiene.

Der Graf war von scharfem Verstand, und in der kurzen Bedenkzeit, die sie ihm zugestanden, entschied er:

«Meine Damen, ich finde, daß keine der Zankenden ihr Recht so klar dargelegt hat, daß ich es wagen würde, den Ring den andern vorzuenthalten. Aber da ihr den Handel mir übertragen habt, entscheide ich und fälle folgendes Urteil: jede von euch soll binnen einer Frist von anderthalb Monaten ihren Ehemann dem Spott preisgeben – ohne daß seine Ehre berührt wird –, und wer sich darin am erfinderischsten zeigt, soll den Diamanten bekommen und außerdem fünfzig Goldtaler, die ich von mir aus dazulege. Inzwischen nehme ich den Ring in Verwahrung. Da eure Ehemänner zurückkommen, Hand ans Werk, und lebt wohl.»

Der Graf ging weg, sein Ansehen bürgte für die Sicherheit des Schmuckstücks, und die Begehrlichkeit überzeugte die Frauen davon, daß sie den Schiedsspruch erfüllen sollten. Schon kamen ihre Ehemänner. Da der kurze Tag bereits seinen Abschied ankündete, taten alle desgleichen und zogen sich in ihre Häuser zurück, wo jede der Wettstreiterinnen die Bücherschränke nach Betrügergeschichten durchstöberte, um eine zu finden, aus der sie lernen könne, die knifflige Aufgabe siegreich zu bestehen und in den Besitz des Diamanten zu gelangen, der den Anlaß dazu geboten hatte.

Das Gewinnstreben, das bei Frauen so stark ist, daß schon die erste mit ihrem Verlangen nach einem Apfel das beste unserer menschlichen Natur zerstört hat, spornte die Frau des habgierigen Zahlmeisters so an, daß sie als Quintessenz allen Schabernacks, den sie im Destilliergefäß ihres Geistes geläutert hatte, ihren Gatten folgender Posse aussetzte:

Vivía en su vecindad un astrólogo, grande hombre de sacar por figuras los sucesos de las casas ajenas, cuando quizá en la propria, mientras él consultaba efemérides, su mujer formaba otras que, criándose a su costa, le llamaban padre. Este, pues, tenía conocimiento en la de un vecino contador, y deseos no tan lícitos cuanto disimulados de ser su ayudante en la fábrica del matrimonio. Había la astuta cajera caládole los pensamientos. Y aunque por ser ella tan estimadora de su honra cuanto el amante entrado en días, se los rechazaba, quiso en la necesidad presente valerse de la ocasión y aprovecharse de sus estudios, para lo cual, mostrándosele menos intratable que otras veces, le dijo que para cierto fin ridículo con que quería regocijar aquellas Carnestolendas, le importaba hiciese creer a su marido que dentro de veinticuatro horas pasaría desta vida a dar cuenta a Dios de la que hasta entonces había mal empleado. Prometióselo, contento de tenerla gustosa, sin inquirir su pretensión. Y mientras ella, llamando al pintor amigo y celoso necio, concertó con ellos lo que habían de hacer para colorear este disparate, persuadiéndolos que era para regocijarse con semejante burla en días tan ocasionados para ellas, haciéndose el astrólogo encontradizo con el ignorante cajero, que cansado de pagar letras se venía a acostar, le dijo:

– ¡Mala color traéis, vecino! ¿Sentís acaso alguna mala disposición en vos?

– ¡Gracias al Cielo! – le respondió –, si no es el enfado de haber contado hoy más de seis mil reales en vellón, no me he sentido más bueno en mi vida!

– La color, a lo menos – replicó –, no conforma con vuestra satisfacción. Dadme acá ese pulso.

Diósele turbado el ignorante vecino. Y arqueando las cejas con muestras de sentimiento amigable, el cauteloso embelecador dijo:

In ihrer Nachbarschaft wohnte ein Astrologe, ein großer Mann im Lesen der Schicksalskonstellationen in fremden Häusern, während vielleicht in seinem eigenen, solange er die Ephemeriden studierte, seine Frau ganz andere bildete, die dann auf seine Kosten aufwuchsen und ihn Vater nannten. Dieser nun kannte sich im Hause des Zahlmeisters etwas aus und hegte nicht ganz rechtmäßige, dafür um so besser verheimlichte Wünsche, sein Gehilfe beim Vollzug der Ehe zu sein. Die schlaue Zahlmeistersfrau hatte seine Gedanken durchschaut. Obwohl sie so sehr auf ihre Ehre bedacht wie der Liebhaber in die Jahre gekommen war und sie ihn deshalb dauernd abwies, wollte sie in der gegenwärtigen Not die Gelegenheit ergreifen und seine Kenntnisse nutzen; zu diesem Zweck zeigte sie sich etwas zugänglicher als sonst und sagte zu ihm, sie beabsichtige, den bevorstehenden Karneval mit einer Posse zu feiern, und es liege ihr daran, daß er ihren Gatten glauben lasse, in vierundzwanzig Stunden scheide er aus diesem Leben und müsse Gott über sein bisheriges Rechenschaft ablegen, das er so schlecht genutzt hatte. Er versprach es, froh, ihr gefällig sein zu können, und fragte nicht nach dem Zweck. Während sie nun den Malerfreund und den eifersüchtigen Dummkopf zu sich bat und mit ihnen vereinbarte, was sie zu tun hätten, um dem ausgefallenen Scherz Farbe zu verleihen, und versicherte, sie wolle sich mit solchem Spott an den dafür so geeigneten Karnevalstagen ergötzen, richtete es der Astrologe ein, dem ahnungslosen Zahlmeister zu begegnen, als er müde vom Wechsel-Einlösen schlafen gehen wollte, und sagte zu ihm:

«Bleich seht Ihr aus, Nachbar, fühlt Ihr Euch vielleicht irgendwie nicht ganz wohl?»

«Dem Himmel sei Dank!» antwortete er, «außer dem Ärger, daß ich heute über sechstausend Silbermünzen zählen mußte, habe ich mich nie wohler gefühlt in meinem Leben!»

«Die Farbe zum mindesten», erwiderte er, «paßt nicht zu Eurer Zufriedenheit. Zeigt mir einmal Euren Puls her...»

Verwirrt streckte ihm der ahnungslose Nachbar den Arm hin. Mit hochgezogenen Brauen und Zeichen freundschaftlicher Zuneigung sagte der tückische Schwindler:

– Vecino mío, cuando yo no haya sacado otro fruto del conocimiento de los cursos celestes sino el que se me sigue de avisaros de vuestro peligro, doy por bien empleados mis desvelos. Para estas ocasiones son los amigos. No lo fuera yo vuestro si no os avisara de lo que os conviene y menos cuidado os da. Disponed de vuestra hacienda y casa, o, lo que importa más, de vuestra alma. Porque yo os digo por cosa infalible, que mañana a estas horas habréis experimentado en la otra vida cuánto mejor os estuviera haber ajustado cuentas con vuestra conciencia que con los libros de caja de vuestro dueño.

Entre turbado y burlón le respondió el pobre moscatel:

– Si este juicio sale tan verdadero como el pronóstico que del año pasado hicisteis, todo al revés de como sucedieron sus temporales, más larga vida me prometo de lo que imaginaba.

– Ahora bien – replicó el astrólogo –: yo he cumplido en esto con las leyes de cristiano y amigo. Haced vos lo que mejor os estuviere, que yo sé que no llevaréis queja de mí al otro mundo de que no os avisé pudiendo.

Y dejándole con la palabra en la boca, echó la calle arriba.

Turbado y confuso guió a su casa el amenazado cajero, tentándose por el camino los pulsos y más partes de donde podía temer algún asalto repentino y mortal. Pero hallándolo todo en su debida disposición, y no siendo el crédito del adivinante muy abonado, medio burlándose de él y medio temeroso entró en su casa, y sin decir nada a su esposa, por no darla pena, pidió de cenar, que le trujo ella diligente, habiendo conjeturado de sus acciones que ya se había dado principio a aquel estratagema. Comió poco y mal. Y diciéndole le hiciesen la cama, se comenzó a desnudar, suspi-

«Mein Nachbar, wenn ich aus der Kenntnis über den Lauf der Gestirne nur die eine Frucht gewonnen habe, daß ich mich gedrängt fühle, Euch vor der Gefahr zu warnen, betrachte ich meine schlaflosen Nächte als gut angewandt. Für solche Gelegenheiten sind die Freunde da. Ich wäre nicht der Eure, würde ich Euch nicht enthüllen, was Euch zum Nutzen gereicht und Ihr unbeachtet laßt. Bringt Euer Haus und Eure Habe in Ordnung und, was wichtiger ist, Eure Seele. Denn ich sage Euch als unabwendbare Tatsache, daß Ihr morgen zu dieser Stunde im andern Leben erfahren werdet, wieviel besser es gewesen wäre, Ihr hättet auf die Abrechnung mit Eurem Gewissen als auf die in den Kassenbüchern Eures Brotherrn geachtet.»

Verwirrt und ergötzt zugleich antwortete ihm der Arme in leichtfertiger Arglosigkeit:

«Wenn diese Auslegung sich so bewahrheitet wie Eure Vorhersagen über das vergangene Jahr, ganz und gar umgekehrt als wie die Ereignisse dann eintrafen, so verspreche ich mir ein längeres Leben, als ich mir vorgestellt hatte.»

«Nun denn», erwiderte der Astrologe, «ich habe meine Pflicht als Christ und als Freund erfüllt. Tut, was Ihr für das Beste haltet, ich weiß, Ihr werdet Euch in der andern Welt nicht über mich beklagen können, ich hätte Euch nicht gewarnt, so gut ich es vermochte.»

Mit dem Wort im Mund ließ er ihn stehen und ging die Straße hinauf.

Verwirrt und verstört lenkte der aufgeschreckte Zahlmeister die Schritte seinem Hause zu und befühlte auf dem Weg seinen Puls und weitere Körperteile, von denen ein plötzlicher tödlicher Anfall zu befürchten sein könnte. Aber da er alles an seinem richtigen Platz fand und die Glaubwürdigkeit des Wahrsagers nicht eben verbürgt war, betrat er sein Haus zwar belustigt über ihn, aber doch auch besorgt; ohne seiner Frau etwas zu sagen, denn er wollte sie nicht beunruhigen, verlangte er das Abendessen, welches sie ihm geflissentlich brachte, wobei sie aus seinem Benehmen schloß, daß die Verschwörung schon ihren Anfang genommen hatte. Er aß wenig und mit Unlust. Er bat sie, man möge ihm das Bett

rando de cuando en cuando. Preguntóle lo que tenía, fingiendo sentimientos amorosos, la codiciosa burladora, a que satisfizo fingiendo disgustos con el ginovés, que le habían desazonado. Consolóle ella lo mejor que supo. Acostáronse, y fue aún menos el sueño que la cena, notando ella, aunque fingía dormir, cuán buenas disposiciones se iban introduciendo para el fin de sus deseos. Madrugó más de lo ordinario, algo descolorido. Y acudiendo a su ejercicio acostumbrado, fueron de suerte las ocupaciones de aquel día, que no pudo ir a comer a su casa, dándoselo en la del ginovés su amo.

Al anochecer, cuando se tornaba a su posada, estaban a la esquina de una calle, por donde forzosamente había de pasar, el teniente de su parroquia y otro clérigo, con dos a tres hombres prevenidos por el pintor a instancias de la dicha cajera, diciendo cuando llegaba cerca de ellos, fingiendo no verle y de modo que pudiese oírlos:

– Lastimosa muerte, por cierto, ha sido la del malogrado Lucas Moreno – que así se llamaba el escuchante.

– Lastimosa – respondió el otro clérigo –, pues le hallaron muerto en su cama esta mañana, estando su mujer, que le amaba tiernamente, de puro dolor cerca de hacerle compañía.

– Lo peor – dijo otro del corrillo – que el astrólogo su vecino afirma que se lo avisó ayer, y haciendo burla de su pronóstico, sin desmarañar las trampas que los de su oficio traen entre manos, se dejó morir como una bestia.

– ¡Dios tenga misericordia de su alma – replicó el cuarto –, que es de quien podemos tener compasión; que la viuda con dote queda, de lo que quizá él ganó mal, con que asegundar el matrimonio! Y vámonos a acostar, que hace mucho frío.

Iba el pobre Lucas Moreno a satisfacerse de ellos y saber si había otro de su nombre que se hubiese

richten, und zog sich unter Stöhnen langsam aus. Die auf Gewinn erpichte Spötterin fragte ihn mit gespielt liebevoller Hingabe, was ihm fehle, worauf er, um sie zufrieden zu stellen, vorgab, Ärger mit dem Brotherrn habe ihn verdrossen. Sie tröstete ihn, so gut sie konnte. Die beiden legten sich zu Bett, er schlief noch weniger, als er gegessen hatte, und sie merkte, obwohl sie sich schlafend stellte, wie gut ihr Vorhaben in die gewünschte Richtung lief. Am Morgen stand er früher auf als sonst und sah recht bleich aus. Er ging zur Arbeit wie üblich; seine Tätigkeit ließ es an diesem Tag nicht zu, daß er zum Mittagessen nach Hause ging, und so nahm er es bei seinem Brotherrn ein.

Als er am Abend auf dem Heimweg war, unterhielten sich an seiner Straßenecke, wo er zwangsläufig vorbeikommen mußte, der Pfarrerstellvertreter seiner Kirchgemeinde und ein weiterer Geistlicher mit zwei oder drei Männern, welche der Maler auf Bitten besagter Zahlmeistersfrau eingeweiht hatte, taten, als sähen sie ihn nicht, und als er nahe genug war, daß er sie hören konnte, sagten sie zueinander:

«Ein bejammernswerter Tod allerdings, der den armen Lucas Moreno ereilt hat», so hieß nämlich der Zuhörer.

«Bejammernswert», antwortete der andere Geistliche, «hat man ihn doch heute morgen tot in seinem Bett gefunden, und die arme Frau wäre ihm in ihrem Schmerz beinahe nachgefolgt, so innig hat sie ihn geliebt.»

«Das Schlimmste», fügte ein anderer der Gruppe hinzu, «daß sein Nachbar, der Astrologe, sagt, daß er ihn gestern gewarnt habe, aber mit seiner Voraussage nur auf Spott gestoßen sei, und der Zahlmeister habe nichts getan, das Netz von Lug und Trug zu entwirren, das nun einmal zu seinem Beruf gehört, und er sei gestorben wie ein Stück Vieh.»

«Gott sei seiner armen Seele gnädig!» warf der vierte ein, «diese verdient unser Mitleid; der Witwe bleibt immerhin eine Mitgift von dem, was er vielleicht unredlich verdient hat – damit kann sie wieder heiraten! Gehen wir nun schlafen, es ist sehr kalt.»

Der arme Lucas Moreno wollte sich bei ihnen Gewißheit verschaffen und herausfinden, ob vielleicht ein anderer glei-

muerto aquel día. Pero ellos, de industria, dándose las buenas noches, se desaparecieron, dejándole con la turbación que podéis imaginar. Caminó confuso adelante, y en una calle antes de la suya halló al astrólogo hablando con el pintor, que en viéndole venir, dijo, como que proseguían la plática de su muerte:

— ¡No me quiso creer a mí cuando ayer le dije que se había de morir dentro de veinticuatro horas! Hacen burla los ignorantes de la evidente ciencia de la Astrología! ¡Tómese lo que le vino; que yo sé que es ésta la hora en que está bien arrepentido de no haberme dado crédito!

Respondió el pintor:

— Era notablemente cabezudo el mal logrado de Lucas Moreno, y no poco glotón. Debió de comer alguna fiambre ginovesa y daríale alguna apoplejía. ¡Dios le tenga en su gloria y consuele a su afligida mujer, que cierto que habemos perdido un buen amigo!

No pudo sufrirlo el confuso cajero, y llegándose a ellos, les dijo:

— ¡Señores! ¿Qué es esto? ¿Quién me hace las honras en vida, o tomando mi forma se ha muerto por mí? ¡Que yo bueno me siento, gracias a Dios!

Echaron a huir entonces todos, fingiendo espantoso asombro y diciendo a voces:

— ¡Jesús sea conmigo! ¡Jesús mil veces! ¡El alma de Lucas Moreno anda en pena! ¡Alguna restitución pide que hagamos de su hacienda, por la que debe de haber mal ganado! ¡Conjúrote, de parte de Dios, que no me sigas, sino que desde donde estás me digas qué quieres! —... dejándole con esto a pique de sacarlos verdaderos, según el sobresalto que le causó tan apoyada mentira.

Prosiguió, medio desmayado y sin pulso, hasta cerca de su casa, y junto a ella vio al amigo celoso, que fingía salir della. Y le estaba esperando para

chen Namens an diesem Tag gestorben sei. Aber die Männer verabschiedeten sich eilig und verschwanden. Ihr könnt euch sicher vorstellen, wie verwirrt er nun dastand. Verstört ging er weiter und traf eine Straße vor seinem Haus den Astrologen im Gespräch mit dem Maler an, die, sobald sie ihn kommen sahen, so taten, als führten sie das Gespräch über seinen Tod fort:

«Er wollte mir nicht glauben, als ich gestern zu ihm sagte, er werde binnen vierundzwanzig Stunden sterben! Die Nichtswisser machen sich lustig über die offenkundige Wissenschaftlichkeit der Astrologie! Nehmen Sie als Beispiel, was ihm zugestoßen ist: ich weiß, daß er gerade jetzt in dieser Stunde sehr bereut, mir nicht geglaubt zu haben!»

Der Maler antwortete:

«Er war bekannt als Dickschädel, der unglückliche Lucas Moreno, und ein rechter Vielfraß. Sicher hat er beim Genuesen etwas Abgestandenes gegessen, und das führte zum Schlaganfall. Gott habe ihn selig und tröste seine trauernde Frau, denn in der Tat, wir haben einen guten Freund verloren!»

Der verstörte Zahlmeister hielt es nicht mehr länger aus, trat zu ihnen hin und sagte:

«Meine Herren, was soll das? Wer gibt mir zu Lebzeiten die letzte Ehre oder hat meine Gestalt angenommen und ist an meiner Stelle gestorben? Ich fühle mich nämlich wohl, Gott sei es gedankt!»

Alle liefen mit gespieltem Schrecken und Entsetzen davon und schrien:

«Jesus Christ, steh mir bei! Jesus Christ tausendfach! Die unerlöste Seele von Lucas Moreno! Sie will wohl, daß wir unrechtmäßig erworbenes Gut irgendwie zurückerstatten! Ich beschwöre dich, im Namen Gottes, folge mir nicht, sondern sage mir, was du willst, von da, wo du bist!», womit sie ihm einen solchen Schrecken versetzten, daß ihre gut abgestützte Lüge beinahe wahr geworden wäre.

Halb von Sinnen und ohne Puls ging er weiter und traf ganz nahe bei seinem Haus den eifersüchtigen Freund, der so tat, als komme er eben heraus; dabei hatte er auf ihn

acabar de desatinarle. Hízosele encontradizo, y al emparejar con él volvió los pasos atrás, y haciéndose mil cruces, dijo:

— ¡Animas benditas del Purgatorio! ¿Es ilusión la que veo o es Lucas Moreno difunto?

— ¡Lucas Moreno soy! Pero no esotro, amigo Santillana! — dijo el asombrado mentecato. — ¿De qué os santiguáis? ¿O cuándo me he muerto yo para hacer tantos aspavientos?

Asióle entonces de la capa porque no huyese. Y él, dejándosela en las manos, se fue dando gritos, santiguándose y diciendo:

— ¡Abrenuncio, espíritu maligno! ¡No debo a Lucas Moreno sino seis reales que me ganó a los bolos el otro día; pero *quod non ponitur non solvitur!* ¡Si vienes por ellos, vende esa capa, que no quiero trabacuentas con gente del otro mundo!

Fuese huyendo, quedando nuestro Moreno tan pasmado, que faltó poco para no dar consigo en tierra.

— ¡Alto! ¡No hay más! ¡Yo debo de haberme muerto! — decía entre sí muchas veces —. ¡Dios debe de enviarme a esta vida en espíritu para que disponga de mi hacienda y haga testamento! Pero ¡válgame Dios! Si me morí de repente, ¿cómo no vi a la hora postrera al demonio, ni me han llamado a juicio, ni puedo dar señal alguna del otro mundo? Y si soy alma, y el cuerpo quedó en la sepultura, ¿cómo estoy vestido, veo, toco, y uso de los sentidos corporales? ¿Si he resucitado? Pero si fuera ansí, ¿no hubiera visto o oído algún ángel que de parte de Dios me lo mandara? Mas ¿qué sé yo de lo que se usa en el otro mundo? Puede ser que me hayan otra vez revestido de mi primera carne, y no sea costumbre allá hablar con escribanos; y como mi oficio es de pluma, tendrán por caso de menos valor tratar con gente de trabacuentas. Lo que yo veo es que todos huyen de mí y me tienen por muerto, hasta los que son mis mayores amigos, y

gewartet, um ihn noch vollends aus der Fassung zu bringen. Er spielte den Überraschten, und als sie auf gleicher Höhe waren, wich er zurück, bekreuzigte sich ununterbrochen und sagte:

«Bei den Armen Seelen im Fegefeuer! Ist das ein Trugbild, oder sehe ich wahrhaftig den verstorbenen Lucas Moreno?»

«Lucas Moreno bin ich und nicht das andere da, mein Freund Santillana!» sagte er verdutzt und seiner Sinne kaum mehr mächtig. «Wovor bekreuzigt Ihr Euch? Oder wann bin ich gestorben, daß Ihr ein solches Zetergeschrei erhebt?»

Er packte ihn am Umhang, damit er nicht entkomme. Der ließ ihn fahren, lief weg, bekreuzigte sich und schrie:

«Behüte mich Gott vor dem Bösen Geist! Ich schulde Lucas Moreno nur gerade sechs Reales, die er mir kürzlich beim Kegeln abgewonnen hat, aber ‹quod non ponitur non solvitur›! Wenn du deswegen kommst, so verkaufe diesen Mantel, ich will keine Auseinandersetzungen mit Leuten aus dem Jenseits!»

Damit lief er weg, und unser Moreno war so erschlagen, daß er beinahe umgefallen wäre.

«Halt! Es ist genug! Ich muß tatsächlich gestorben sein!» sagte er mehrmals zu sich selbst, «Gott hat mich wohl als Geist auf diese Welt zurückgeschickt, damit ich mein Haus bestelle und mein Testament mache! Aber bei Gott! Wenn ich ganz plötzlich starb, wieso sah ich dann im letzten Augenblick den Teufel nicht? Warum wurde ich nicht zum Letzten Gericht gerufen, und warum kann ich über die andere Welt überhaupt nichts aussagen? Wenn ich eine Seele bin und der Leib im Grab liegt, warum bin ich bekleidet, sehe, taste, gebrauche meine Sinne? Ob ich wohl auferstanden bin? Wenn dem so wäre, hätte ich nicht einen Engel sehen oder hören müssen, der es mir in Gottes Auftrag gebot? Doch was weiß ich schon, was im Jenseits Brauch ist? Es kann ja sein, daß man mich wieder mit meinem ursprünglichen Fleisch ausgestattet hat und daß es dort nicht üblich ist, mit Federfuchsern zu reden; da ich zur Federzunft gehöre, werden sie es wohl als minder wichtig betrachten, mit Wechselreitern und Schiebern umzugehen. Ich stelle fest, daß alle vor mir davonlaufen und mich für tot halten, sogar meine

según esto, debe de ser verdad. Pero si dicen que el más amargo trago es el de la muerte, ¿cómo no la he sentido ni me ha dolido nada? Las repentinas deben de entrarse, sin duda, por una puerta y salirse por otra, sin dar lugar al dolor para hacer su oficio. Pero... ¿si fuese alguna burla de mis amigos? Que el tiempo es acomodado para ellas, y hasta agora ninguno de los que me encuentran por la calle hace aspavientos de verme, sino ellos. ¡Válgame Dios por muerte tan a poca costa!

Haciendo estos discursos desvariados llegó a su casa, y hallándola cerrada, llamó con grandes golpes. La noche estaba fría y oscura, y la cavilosa mujer estaba prevenida de lo que había de hacer y avisada de lo que había pasado. Tenía sola una criada en casa, habiendo de industria enviado dos leguas de allí con un recado fingido a dos criados que vivían en ella. La moza era tan bellaca como su señora; y en oyendo llamar, respondió con una voz lastimada:

— ¿Quién está ahí?

— ¡Abreme, Casilda! – dijo el difunto vivo.

— ¿Quién llama – replicó – a estas horas en casa donde sólo vive el desconsuelo y la viudez?

— ¡Acaba ya, necia – volvió a decir –, que soy tu señor! ¿No me conoces? ¡Abre, que llovizna y hace más frío del que permite este lugar!

— ¿Mi señor? – respondió ella –. ¡Pluguiera a Dios! ¡Ya le pudre la tierra! ¡Ya está en parte donde, por lo que sabía de cuentas, le habrán hecho cajero mayor del infierno (que allí todas se pagan a letra vista), si Dios no ha tenido misericordia de su ánima!

No pudo entonces, impaciente, sufrir tantas verificaciones de su muerte. Y así, dando un puntapié al postigo, que no estaba para aguardar otro, quebrando la aldaba, le abrió, huyendo la criada y dando las voces que los demás que había encontrado

engsten Freunde, und so muß es wahr sein. Aber wenn es heißt, der Tod sei der bitterste Trank, warum habe ich dann nichts gespürt, und warum hat mir nichts weh getan? Der plötzliche Tod kommt vielleicht zur einen Tür herein und geht zur andern wieder hinaus, ohne dem Schmerz Zeit zu lassen zu wirken. Aber . . . falls es irgendein Scherz meiner Freunde wäre? Es ist die rechte Zeit dafür, und vorläufig schreien von allen, die mir auf der Straße begegnen, nur sie Zeter und Mordio. Dank sei Dir, Gott, für diesen wohlfeilen Tod!»

Solchen Unsinn vor sich her faselnd, gelangte er zu seinem Haus, und da er es verschlossen fand, schlug er mehrmals voller Wucht auf den Türklopfer. Die Nacht war kalt und finster, die umsichtige Frau hatte alle nötigen Vorkehrungen getroffen und war über das Geschehene im Bilde. Es war nur eine einzige Magd im Hause, denn die zwei Diener hatte sie wohlweislich mit einem erfundenen Auftrag zwei Meilen weit fortgeschickt. Die Magd war ebenso verschlagen wie ihre Herrin, und als sie das Klopfen hörte, antwortete sie mit tränenerstickter Stimme:

«Wer ist da?»

«Mach mir auf, Casilda!» sagte der lebende Tote.

«Wer klopft», erwiderte sie, «zu so später Stunde an einem Haus an, wo nur eine untröstliche Witwe wohnt?»

«Hör doch auf, du dummes Geschöpf», entgegnete er. «Ich bin dein Herr! Erkennst du mich denn nicht? Mach auf, es nieselt, und es ist kälter, als es an diesem Ort zumutbar ist!»

«Mein Herr?» antwortete sie, «Wollte Gott! Aber den deckt schon die Erde. Er ist an einem Ort, wo er gewiß wegen seiner Rechenkenntnisse Oberzahlmeister der Hölle geworden ist – denn dort wird alles bar beglichen –, sofern nicht Gott sich seiner Seele erbarmt hat!»

Nun riß ihm die Geduld, er ertrug keine weiteren Todesbestätigungen mehr und stieß mit dem Fuß gegen den Türflügel, daß es keines weiteren Versuchs bedurfte; die Verriegelung barst, er öffnete, und die Magd lief schreiend davon wie alle, denen er vorher auf der Straße begegnet war. Seine

en la calle. Salió a ellas la mujer en hábito de viuda recoleta, fingiéndose alborotada. Y en viéndole se cayó desmayada, diciendo:

– ¡Jesús, qué veo!

Faltó poco para no hacer lo mismo el asombrado marido, y tuvo por infalible que estaba muerto. Con todo eso, en pago de las muestras de sentimiento que en su mujer había visto, la llevó en brazos a la cama, desnudándola y echándola en ella; que aunque lo sentía todo, se daba por medio difunta. La moza se encerró en otro aposento, disimulando la risa y vendiendo miedos que no tenía. En fin, el pobre ánima en pena, sin averiguar si comían o no los del otro mundo, abrió un escritorio y dio tras una gaveta de bocados de mermelada, acompañándola con bizcochos y ciruelas de Génova, que ayudó a pasar con los empellones de una bota cuya alma le había infundido la Membrilla, pareciéndole que no era tan trabajosa la otra vida, pues hallaban tal ayuda de costa los que caminaban por ella. Dióse tan buena maña nuestro Lucas Moreno en fortalecer el corazón desfallecido con el cordial remedio, que cogiéndole algo flaco y desvanecido con las ilusiones burlescas, y subiéndosele el licor de Noé, si no a las barbas, a la cabeza, se halló en la gloria de Baco, desnudándose a zancadillas y echándose al lado de la que todavía disimulaba su desmayo y se tragaba la risa, con no poca resistencia de ella, que reventaba por salir y, en fin, se acostó entre desmayado y lo otro, embistiendo el sueño con aceros vinosos; que no hay tal jarabe de adormideras como el que saca el lagar. El durmió hasta la mañana, soñando infiernos, purgatorios y glorias. Y entre tanto, vinieron los burlones amigos a informarse de lo que pasaba de la criada, y celebrando la buena elección que el difunto había hecho amortajándose por de dentro, de pies a cabeza, con las telas que teje Baco.

Frau kam in Trauerkleidern und Witwenschleier heraus, als ob sie von dem Lärm aufgeschreckt worden wäre. Kaum erblickte sie ihn, fiel sie mit dem Schrei:

«Jesus, was seh ich!» ohnmächtig um.

Wenig hätte gefehlt, und dem Ehemann wäre es genauso ergangen; dem schien es erwiesen, daß er tot war. Bei allem war er dankbar für die Zeichen der Trauer, die er bei seiner Frau sah; er trug sie auf den Armen ins Schlafzimmer, zog sie aus und legte sie ins Bett; obwohl sie alles spürte, stellte sie sich halbtot. Die Magd verbiß sich das Lachen, zeigte Ängste, die sie gar nicht hatte, und schloß sich in ein anderes Zimmer ein. Ohne sich darum zu scheren, ob die Armen Seelen im Jenseits aßen oder nicht, öffnete er eine Schreibkommode und fand eine Büchse Quittenplätzchen, die er mit Zwieback und eingemachten Genueserpflaumen aß und mit großen Schlucken aus einer Lederflasche hinunterspülte, deren Seele aus Membrilla-Wein bestand; bei solcher Verpflegung auf dem Weg ins Jenseits kam ihm das Leben dort gar nicht so beschwerlich vor. Unser Lucas Moreno stellte es so geschickt an, mit der herzhaften Labsal sein durch den erlebten Schabernack arg mitgenommenes Gemüt und sein erschöpftes Herz zu stärken, daß ihn Noahs Tranksame zwar nicht zur Unbesonnenheit anstachelte, aber seinen Kopf so benebelte, daß er in Bacchus' Paradies schwelgte, sich rasch auskleidete und neben seine Frau legte, die immer noch die Bewußtlose spielte, obwohl sie nur mit Mühe das Lachen verbiß, das sich bemühte, ihren Widerstand zu brechen und herauszuplatzen. Da lag er, betäubt von den Trugbildern und benommen vom andern, und der Schlaf überwältigte ihn mit der eisernen Kraft des Weines, denn es gibt keinen unwiderstehlicheren Schlummertrunk als den Saft aus der Traubenpresse. Er schlief bis in den Morgen hinein und träumte von allen Höllen, Fegefeuern und Himmeln. Unterdessen kamen seine Spötterfreunde und wollten von der Magd wissen, was geschehen war. Sie freuten sich, daß der Verstorbene eine so gute Wahl getroffen und sich von innen her vom Kopf bis Fuß in das Leichentuch gewickelt hatte, das Bacchus so meisterlich zu weben versteht.

Amaneció (viendo que todavía estaba durmiendo su marido) la cautelosa cajera, y se levantó y vistió de gala, enviando fuera de casa el monjil viudo y las hipócritas tocas. Compuso la cara de fiesta, y volviendo a la cama, despertó al aparente finado, diciéndole:

— ¿Hasta cuándo habéis de dormir, marido mío? ¿Aún no se han digerido lo humos con que anoche os acostastes?

Estremecióle los brazos, tirándole de las narices, con que dando bostezos volvió en sí; y viendo a su mujer tan compuesta, la casa de regocijo y sin los lutos y llanto de la noche pasada, admirado de nuevo, dijo:

— Polonia, ¿adónde estoy? ¿Haste tú también muerto, como yo, y en fe del amor que me tenías en el siglo, y te ha sacado dél, vienes a celebrar en este mundo nuevo segundas bodas? ¿De qué enfermedad o cómo salí de la otra vida?

Que, ¡vive Dios (si en ésta se puede jurar), que no sé cómo me he muerto ni a qué parte me ha echado el cielo! ¿Hay camas y aposentos por acá? ¿Véndese vino y bizcochos? ¿Qué arriero me trujo a mi escritorio, que yo anoche saqué dél provisión bastante a consolar la soledad que sin ti sentía por estos países no conocidos?

— ¡Buen humor — respondió la astuta fisgona — crían en vos, marido mío, las Carnestolendas! ¿Qué chilindrinas son ésas? ¡Acabad, levantaos, que ha enviado a llamaros el ginovés dos veces!

— Luego ¿no estoy muerto ni me enterraron ayer? — replicó él.

— En vos, a lo menos — respondió entonces ella —, debió de enterrarse anoche el alma de nuestra bota, según está de macilenta, pues decís esos disparates.

— Si las almas se entierran, Polonia de mi vida — volvió a decir —, es verdad que anoche le hice las

Die umsichtige Zahlmeistersfrau erwachte, und als sie feststellte, daß ihr Gatte immer noch schlief, stand sie auf, zog ein Festkleid an und verbannte die düsteren Trauergewänder und heuchlerischen Witwenschleier aus dem Haus. Sie setzte ein strahlendes Gesicht auf, ging zum Ehebett zurück, weckte den Scheintoten und sagte zu ihm:

«Mein lieber Mann, wie lange wollt Ihr noch schlafen? Haben sich die Weindünste noch nicht verzogen, mit denen Ihr Euch gestern zu Bett gelegt habt?»

Sie zog ihn an den Armen, packte ihn an der Nase, bis er zu gähnen anfing und allmählich zu sich kam. Als er seine Frau so herausgeputzt sah, das Haus in Feststimmung fand und ohne eine Spur von Trauer und Schmerz wie am Abend zuvor, wunderte er sich von neuem und sagte:

«Polonia, wo bin ich? Bist du auch gestorben wie ich, und kommst im Vertrauen auf die Liebe, die du mir in der Zeitlichkeit entgegenbrachtest und die dich daraus abberufen hat, um hier in der neuen Welt ein zweites Mal Hochzeit zu feiern? Welcher Krankheit wegen oder auf welche Weise ging ich denn aus dem andern Leben? Bei Gott! – wenn man hier schwören darf – ich weiß nicht, wie ich gestorben bin, noch wo mich der Himmel hingeworfen hat. Gibt es Betten und Zimmer im Jenseits? Gibt es Zwieback und Wein zu kaufen? Was für ein Fuhrknecht hat mich gestern nacht zu meiner Schreibkommode geführt? Da nahm ich genug zu essen heraus, um mich in der Einsamkeit zu trösten, die ich ohne dich in diesem unbekannten Land verspürte.»

«Wieviel Heiterkeit erzeugt doch bei Euch der Karneval!» antwortete die verschlagene Spötterin, «was sollen denn das für Witze sein? Hört auf damit, und steht auf! Der Genuese hat schon zweimal nach Euch geschickt heute morgen!»

«Dann bin ich also nicht tot, und man hat mich gestern nicht begraben?» erwiderte er.

«Begraben ist in Euch höchstens die Seele unseres Weinbeutels, so schlaff wie er ist», antwortete sie darauf, «denn Ihr redet solchen Unsinn daher...»

«Wenn sich Seelen begraben lassen, Polonia, mein Leben», fing er wieder an, «dann allerdings habe ich ihr gestern

honras; pero ya yo lo estaba en la parroquia, lasti-
mado el teniente, tristes nuestros amigos, llorando
Casilda y enlutada vos.

– ¡Acabad ahora de ensartar chanzas – replicó
ella –; que os llama nuestro ginovés!

– Luego ¿también los hay acá? – preguntó él –.
No debo yo de estar en carrera de salvación, pues
puedo ir donde habitan cambios y se hospedan
trampistas.

– Dejémonos de pullas – dijo Polonia –, y levantaos de ahí; que parece que habláis de veras, y estáis
echando bernardinas.

– ¡Mujer, por nuestro Señor – respondió Lucas
Moreno –, que ha de veinticuatro horas que estoy
muerto y no sé cuántas enterrado! Preguntádselo
a Casilda, al teniente cura de nuestra parroquia,
al pintor nuestro amigo, a Santillana el celoso, al
astrólogo nuestro vecino, a vos misma, viuda anoche y enlutada, y agora lo que imagino, muerta
como yo; que si no me acuerdo mal, anoche os
llevé sin pulsos ni aliento a la cama, y os debió de
costar el espanto de verme la vida; y sin saber cómo, de la suerte que yo estáis en ésta y no lo acabáis de creer.

– ¿Qué tropelías son éstas, marido mío? – dijo
la fingida turbada –. ¿Anoche no nos acostamos
buenos y sanos? ¿Qué entierros, difuntos u otros
mundos son éstos? ... Casilda: llámame al astrólogo nuestro vecino, que también es médico, y nos
dirá lo que le ha dado a mi buen Lucas Moreno;
que estas mujercillas con quien trata le deben de
haber trastornado el seso.

No sabía qué se decir el atronado marido, ni si
estaba loco, muerto o vivo, ni la mujer podía sacarle de que era espíritu que volvía a poner orden en
su hacienda.

En esto entraron los dos ayudantes de la burla; y
refiriendo ella lo que pasaba, le afirmaron – no sin

abend die letzte Ehre erwiesen; aber in der Kirche war ich schon vorher tot, und voll Mitleid der Priester, traurig unsere Freunde, Casilda weinte, Ihr trugt Trauerkleider.»

«Hört nun endlich auf, dumme Sprüche zu machen!» entgegnete sie, «unser Genuese schickt nach Euch!»

«Dann gibt es also auch hier Bankiers?» fragte er, «ich bin wohl nicht auf dem Weg zur ewigen Seligkeit, wenn ich an Orte hingehen kann, wo Wechsel wohnen und Betrüger sich einmieten.»

«Lassen wir die Anzüglichkeiten», sagte Polonia, «und steht nun auf; man könnte meinen, Ihr redet im Ernst und wollt Euch wichtig machen.»

«Frau, bei Gott, unserm Herrn», antwortete Lucas Moreno, «seit vierundzwanzig Stunden bin ich tot, und seit ich weiß nicht wieviel begraben! Fragt doch Casilda oder den Stellvertreter unseres Gemeindepfarrers, unsern Freund, den Maler, den eifersüchtigen Santillana oder unsern Nachbarn, den Astrologen, Euch selbst, gestern trauernde Witwe, und jetzt, wie ich mir einbilde, tot wie ich; denn wenn ich mich richtig entsinne, trug ich Euch gestern ohne Puls und Atem zum Bett, und der Schreck bei meinem Anblick muß Euch das Leben gekostet haben. Ohne zu wissen wie, auf die gleiche Weise wie ich, seid Ihr nun im Jenseits und wollt es immer noch nicht recht glauben.»

«Was sind das für Scherze, mein Gatte?» fragte sie mit gespielter Besorgnis. «Gingen wir gestern abend nicht gesund und munter ins Bett? Was für Beerdigungen, Verstorbene, andere Welten sind das? ... Casilda, rufe unsern Nachbarn, den Astrologen; er ist auch Arzt; er wird uns sagen, was dem guten Lucas Moreno fehlt; die Frauenzimmer, mit denen er umgeht, haben ihn wohl um den Verstand gebracht...»

Der gute Mann war wie vor den Kopf geschlagen und wußte nicht, was er von sich halten sollte, ob er verrückt oder tot oder lebendig sei; auch seine Frau konnte ihn nicht davon abbringen, daß er ein Geist sei und zurückkomme, um seine Angelegenheiten in Ordnung zu bringen.

Nun kamen die beiden Spottgehilfen herein; die Frau erzählte, was geschehen war, und die beiden versicherten ihm

reírse – de que estaba no sólo en este mundo, pero en Madrid y en su casa, y que si daba todavía en su tema, pararía en la del Nuncio. Vino luego el astrólogo, llamado de la criada, y afirmó que el desvanecimiento de sus libros de caja y cuentas le tenían barrenado el cerebro; con que él, consolado de que vivía, y airado de que le tuviesen por loco, les dijo:

– Pues si es verdad que no estoy muerto, ¿de qué sirvieron los espantos y conjuros con que ayer huistes de mí, haciéndoos más cruces que tiene una procesión de penitentes?

– ¿Vos me vistes a mí? – replicó el astrólogo –. ¿Cómo puede eso ser, si estuve encerrado todo el día en mi estudio levantando figura sobre descubrir los ladrones de una joya de diamantes?

– Yo a lo menos – dijo el pintor – no salí del monasterio donde trabajo hasta las once de la noche.

– Pues yo – respondió el viejo – tampoco vi ayer la calle, ocupado en despachar un proprio a la Montaña, mi tierra.

– Peor está que estaba – dijo el casi loco de veras –. Vos, señor vecino, ¿no me dijistes anteayer por la noche que según el mal color, los índices del pulso y pronóstico de vuestras figuras, había de morirme dentro de veinticuatro horas?

– ¿Yo? – replicó él –. ¿Pues ha más de cuatro días que no nos vemos, y agora salís con eso? Volved en vos, señor Lucas Moreno, que lo debéis de haber soñado esta noche.

– Como ello sea sueño, y no pura verdad – replicó –, yo haré la costa del Martes de Carnestolendas en albricias de la vida que no sé si tengo!

– ¡Acetamos la fiesta! – respondieron todos –. Y para que os acabéis de desengañar, vestíos y vamos a oír misa a la parroquia. Veréis lo que puede en vos la imaginación vehemente.

– nicht ohne Gelächter – daß er nicht nur auf dieser Welt sei, sondern überdies in Madrid und in seinem Haus, und wenn er weiterhin bei seiner Ansicht bleibe, werde er im Irrenhaus landen. Dann kam der Astrologe, den die Magd gerufen hatte, und versicherte, die schwindelerregenden Kassenbücher und das viele Rechnen hätten ihm das Hirn durchlöchert. So war er getröstet, daß er am Leben sei, aber erzürnt, daß sie ihn für verrückt hielten, und darum sagte er:

«Wenn es wahr ist, daß ich nicht gestorben bin, was hatte es dann zu bedeuten, daß Ihr gestern entsetzt von mir weggelaufen seid? Und wozu die Beschwörungen und Kreuze – mehr als in einer Büßerprozession?»

«Ihr wollt mich gesehen haben?» erwiderte der Astrologe, «wie ist das möglich, wenn ich doch den ganzen Tag eingeschlossen in meinem Studierzimmer die Karten legte, um den Dieb eines Diamantgeschmeides ausfindig zu machen?»

«Ich auf jeden Fall», sagte der Maler, «habe das Kloster, wo ich arbeite, erst um elf Uhr nachts verlassen.»

«Auch ich», sagte der Alte, «habe die Straße gestern nicht gesehen; ich war damit beschäftigt, einen Boten mit einem Auftrag in die Montaña zu schicken, wo ich herstamme.»

«Es ist schlimmer als vorher», sagte er und war nun allerdings beinahe verrückt, «Ihr, Herr Nachbar, habt Ihr mir wirklich nicht vorgestern abend gesagt, daß ich schlecht aussehe und daß mein Puls und Eure Karten anzeigten, daß ich binnen vierundzwanzig Stunden sterben würde?»

«Ich?» antwortete er, «seit mehr als vier Tagen haben wir einander nicht mehr gesehen, und jetzt behauptet Ihr so etwas! Kommt zu Euch, Herr Lucas Moreno, Ihr müßt das heute nacht geträumt haben!»

«Falls das wirklich ein Traum sein soll und nicht die reine Wahrheit», erwiderte er, «übernehme ich die Kosten am Karnevalsdienstag aus Freude, daß ich am Leben bin, wenn ich es überhaupt bin.»

«Das Fest ist angenommen», stimmten alle zu. «Und damit Ihr ganz aus Eurer Verblendung herauskommt, so kleidet Euch an, und wir gehen in die Kirche zur Messe. Dann seht ihr, was die Macht der Einbildung bei Euch vermag.»

Hízolo así el incrédulo finado. Y para no cansaros, le sucedió lo mismo con los clérigos que vió el día pasado tratar de su entierro que con los demás amigos.

Riéronse y diéronle picones, que por no hallarse con caudal para sufrirlos, le obligaron, después de haber cumplido con el convite, a que se ausentase de Madrid a negocios del ginovés por quince días, dando en ellos lugar al olvido, que en la Corte sepulta brevemente todos los sucesos por peregrinos que sean, dejando concertado su mujer con todos los participantes en la burla no dijesen el misterio della a su marido, sino que le persuadiesen a que fue sueño, temerosa de que no hiciesen sus espaldas la costa de ella.

Entre tanto que nuestro cajero experimentaba ausente que estaba vivo, y se moría la fama de su entierro en sueños, no se descuidó la mujer del pintor de ejecutar la burla que tenía imaginada, envidiosa de la buena salida que había tenido la de su competidora.

Para lo cual, concertándose con un hermano suyo, amigo de entretenerse a costa ajena, le envió el jueves siguiente a la plazuela de la Cebada a que comprase una puerta de las muchas que tales días traen a vender allí, que fuese a medida de la que en su casa salía a la calle y por vieja pedía la jubilasen. Trújola con todo secreto, de noche. Y escondida donde el pintor no pudiese verla, avisó al burlón hermano de lo que había de hacer, y le encerró con otros dos amigos en el sótano. Vino dos horas después su marido, quedándose en el monasterio donde pintaba los aprendices que tenía moliendo colores, porque se había de acabar el retablo para la Pascua y era necesario darse priesa. Recibiole Mari-Pérez (que así se llamaba la codiciosa pintora) con todo cariño y

Der ungläubige Verstorbene tat so. Um Euch nicht zu ermüden: mit den Geistlichen, die am Vortag über seine Beerdigung verhandelt hatten, widerfuhr ihm dasselbe wie mit seinen übrigen Freunden. Sie lachten ihn aus und stichelten weiter, und da er keine Kraft mehr hatte, das alles auszuhalten, bewogen sie ihn – nachdem er die Einladung zum Festschmaus wahr gemacht hatte – sich für zwei Wochen in Geschäften für den Genuesen von Madrid wegzubegeben, damit die Sache in Vergessenheit gerate, denn in der Residenz werden die Ereignisse rasch begraben, auch wenn sie noch soviel Aufsehen erregten. Die Frau nahm allen am Spott Beteiligten das Versprechen ab, ihrem Mann nichts vom Geheimnis zu verraten, sondern ihn davon zu überzeugen, es sei ein Traum gewesen, denn sie fürchtete, daß ihr Rücken sonst dafür bezahlen müßte.

Solange unser Zahlmeister fern von Madrid die Erfahrung machte, daß er noch am Leben war, und die Geschichte von seiner geträumten Beerdigung allmählich in Vergessenheit geriet, war die Malersfrau nicht müßig geblieben, den Schabernack vorzubereiten, den sie sich ausgedacht hatte, denn sie beneidete ihre Mitstreiterin nicht wenig um den Erfolg mit dem ihren. Zu diesem Zweck tat sie sich mit einem ihrer Brüder zusammen, der sich gern auf fremde Kosten vergnügte. Sie schickte ihn am nächsten Donnerstag zum sogenannten «Gerstenplätzchen», um eine Tür zu kaufen, denn an diesem Wochentag kamen von überall her Leute dorthin und boten solche in großer Zahl feil; sie sollte das Maß ihrer Haustür haben und so alt sein, daß man ihr geradezu ansah, sie bitte darum, aus dem Dienst genommen zu werden. Sie wurde klammheimlich nachts ins Haus gebracht und so gut versteckt, daß sie der Maler nicht sehen konnte. Dann erklärte sie ihrem Bruder, was er zu tun habe, und schloß ihn mit zwei weiteren Freunden im Keller ein. Zwei Stunden später kam ihr Gatte, aber seine Lehrlinge waren im Kloster geblieben, wo er malte, um für ihn Farben zu reiben, denn das Altarbild mußte bis zu Ostern fertig sein, und man mußte sich beeilen. Mari-Pérez – so hieß die auf Gewinn

amor. Acostáronse temprano, porque le importaba madrugar, y durmieron hasta la medianoche — digo el descuidado marido, que ella mal pudiera, preñado el entendimiento con tantas arquitecturas burlescas —; y llegada aquella hora, comenzó a dar voces y quejarse a gritos la engañosa casada, diciendo:

— ¡Jesús, que me muero! ¡Marido mío, mi hora es llegada! ¡Tráiganme confesión presto, presto, que me muero!

Y otros extremos semejantes que saben hacer las mujeres cuando se les antoja. Preguntábale compasivo su compañero lo que tenía, respondiendo sólo:

— ¡Jesús! ¡Madre de Dios! ¡Que me muero! ¡Confesión! ¡Sacramentos! ¡Que perezco!

Levantóse a las voces una sobrina que tenía en casa a suplir los ministerios de una criada, y era partícipe en el engaño; la cual, llorando de verla ansí, aplicándole paños calientes, dándole tostadas en vino y canela, y haciendo otros remedios semejantes, sin que el dolor cesase, porque la enferma no quería, hubo de obligar al desvelado Morales (que éste era el nombre del pintor) a que se levantase harto contra su voluntad, coligiendo de la complexión, que en su mujer conocía, y afirmándolo ella y la sobrina, que aquel accidente era mal de madre ocasionado de una ensalada que había cenado, cuyo vinagre recio y una rebanada de queso otras veces le habían puesto en el último peligro de la vida. Riñóla de que no escarmentase de tales excesos; y ella le dijo medio ahogada:

— No es hora, Morales, agora de reprender lo que no se puede remediar. Vayan a llamar a la comadre Castejona, que sabe mi complexión, y ella sola puede aplicarme con qué se me alivie este mal rabioso, o si no, ábranme le sepultura.

— ¡Mujer mía! — respondió el afligido esposo —.

erpichte Malersfrau – empfing ihn herzlich und liebevoll. Sie gingen bald zu Bett, denn ihm war es wichtig, früh aufzustehen; sie schliefen bis Mitternacht – das heißt, nur der ahnungslose Ehemann, denn sie fand kaum Schlaf, so angestrengt brütete sie über dem kniffligen Gefüge ihres Streiches. Als es zwölf Uhr war, fing die arglistige Gattin an zu schreien und zu klagen:

«Jesus, ich sterbe! Mein lieber Mann, meine Stunde ist gekommen! Man hole einen Pfarrer, schnell, schnell, ich will beichten, ich sterbe!»

Sie gab noch mehr derart übertriebenes Wehgeheul von sich, wie es die Frauen meisterlich verstehen, wenn sie das Gelüste ankommt. Einfühlend fragte ihr Lebensgefährte, was ihr fehle, aber sie schrie nur immer fort:

«Jesus Christus! Mutter Gottes! Ich sterbe! Ich will beichten! Das Sterbesakrament! Ich bin dahin!»

Auf das Gejammer stand eine Nichte auf, die bei ihr im Hause wohnte und als Magd diente; sie war in den Betrug eingeweiht und weinte laut, als sie die Frau so sah, legte ihr warme Tücher auf, gab ihr in Wein und Zimt getunkte Kekse, versuchte weitere Hausmittel, aber die Schmerzen ließen nicht nach, denn die Kranke wollte es nicht; man mußte den aus dem Schlaf gerissenen Morales (so hieß der Maler) nötigen, aufzustehen, was er ganz widerwillig tat, denn er kannte solche Ausbrüche bei seiner Frau; aber sie und ihre Nichte beteuerten ihm, daß dieser Anfall von einer Unverträglichkeit herrühre, und schrieben die Schuld einem Salat zu, den sie am Abend gegessen hatte und dessen scharfer Essig zusammen mit einer Scheibe Käse sie bei früheren Gelegenheiten schon in Lebensgefahr gebracht hatte. Er schalt sie, daß sie aus solch schlimmen Vorfällen nichts gelernt habe, aber sie antwortete nach Atem ringend:

«Es ist nicht der Augenblick, Morales, mich für etwas zu schelten, was nicht mehr zu ändern ist. Man hole Mutter Castejona; sie kennt meine Veranlagung; sie allein weiß, welche Mittel gegen meinen rasenden Schmerz wirksam sind; andernfalls kann man mir gleich das Grab schaufeln.»

«Liebe Gattin», antwortete ihr Mann besorgt, «Mutter

La Castejona se ha ido a vivir junto a la puerta de Fuencarral. Nosotros estamos en Lavapiés; la noche es de invierno, y si no mienten las goteras, o llueve o nieva. Aunque yo vaya con todas estas descomodidades, ¿cómo sabemos que se querrá levantar? La otra vez que os apretó ese achaque, me acuerdo yo que fue con dos onzas de triaca de esmeralda caliente en la cáscara de media naranja, y puesta en la boca del estómago. Yo iré a la botica por ella. ¡Por amor de Dios que os soseguéis y no me consintáis hacer tan larga diligencia, pues ha de ser inútil y yo tengo de volver con otro mal de madre peor que el vuestro.

Comenzóse a quejar entonces más recio que nunca y a decir:

— ¡Bendito sea Dios, que tan buena compañía me ha dado! ¡Miren qué imposibles le pido, qué enterrarse conmigo si me muero, qué sangre de sus brazos, qué desperdicios de su hacienda, sino que me llame a una comadre a costa de mojarse un par de zapatos! Ya yo sé que deseáis vos renovar matrimonio, y que a cada grito que yo doy dais vos una cabriola en el corazón, y por eso excusáis cualquiera diligencia que estorbe vuestros deseos y alivie mis dolores. Volved a acostaros, sosegad y dormid; que si yo me muriese, declarado dejaré que me diste solimán en la ensalada de anoche.

— ¡Mujer, mujer — respondió el marido —, menos libertades; que no tienen los males de madre exenciones de atrevimientos, y podrá ser que con un palo os trasiegue el dolor desde las tripas a las espaldas!

— ¿Palos a mi señora tía? — dijo la doncella taimada —. ¡Malos años para vuesa merced y para quien no le sacara los ojos primero con estas uñas!

Iba el pintor a que pusiese la postura a no se cuántos pretinazos la sacudida moza, que excusó

Castejona wohnt jetzt beim Fuencarral-Tor und wir in Lavapiés; es ist eine Winternacht, und wenn die Tropfen vom Dach nicht täuschen, so regnet oder schneit es. Selbst wenn ich trotz diesen Unannnehmlichkeiten hingehe, wie sollen wir wissen, ob sie überhaupt aufstehen will? Ich erinnere mich, als Ihr das letzte Mal einen solchen Anfall hattet, verschwand er mit zwei Unzen warmem Smaragd-Theriak in einer halben Orangenschale, die man Euch auf den Mageneingang legte. Ich hole ihn Euch in der Apotheke. Beruhigt Euch doch um Gotteswillen, und verlangt nicht von mir, daß ich einen so weiten Weg mache, denn er ist ohnehin vergeblich, und ich komme mit einer viel schlimmeren Unpäßlichkeit zurück als die Eure.»

Sie aber jammerte nur noch viel herzzerreißender als zuvor

«Gelobt sei Gott, daß er mir einen so guten Lebensgefährten geschenkt hat! Schaut her, was ich Unmögliches von ihm verlange! Etwa daß er sich mit mir begraben lasse, wenn ich sterbe, etwa Blut aus seiner Schlagader oder daß er sein Vermögen hergebe? Nein! Er soll eine heilkundige Frau holen um den Preis, ein Paar Schuhe naß zu machen! Ich weiß wohl, daß Ihr eine, neue Ehe eingehen wollt und daß Euch bei jedem meiner Schmerzensschreie das Herz im Leibe lacht, und darum drückt Ihr Euch vor jeder Verrichtung, die Eure Pläne stört und meinen Schmerz lindert. Legt Euch wieder ins Bett! Ruht Euch aus und schlaft! Sollte ich sterben, hinterlasse ich eine Erklärung, daß Ihr mir gestern abend Quecksilbersublimat in den Salat gemischt habt.»

«Frau, Frau», antwortete der Maler, «haltet Eure Zunge in Zaum! Euer Leiden gibt Euch kein Recht, ausfällig zu werden, sonst könnte es geschehen, daß Euch ein Stock die Schmerzen aus dem Leib auf den Rücken treibt!»

«Stockhiebe für meine Frau Tante?» fuhr das schlaue Mädchen dazwischen, «schlimme Tage für Euer Gnaden und mich, wenn ich Euch nicht vorher mit diesen Fingernägeln die Augen auskratze!»

Der Maler war drauf und dran, das dreiste Mädchen mit dem Ledergürtel zu verdreschen, aber es entkam, wo-

huyendo; y dando mayores gritos, con alharacas mortales, volvió a pedir la doliente confesión, comadre, sacramentos...

– ¡Que me muero! ¡Ay, que me han dado rejalgar! ¡Jesús! ¡No, no es éste mal de madre, sino mal de marido!

Temió alguna burla más pesada de la que sin saberlo le comenzaban a hacer el enojado Morales, y que si se moría dejando fama que él le había hecho la costa era echar la soga tras el caldero; y hubo de apaciguarla con caricias y amores, y encender una linterna, bien necesaria para la oscuridad y lodos, poniéndose unas botas, capa aguadera, la capilla sobre el sombrero, y salir en busca de la comadre Castejona registrándole las goteras que despachaban los tejados a cántaros.

Sabía el buen Morales que se había pasado la dicha comadre a la calle de Fuencarral, pero no a qué parte; y lloviendo, como os he dicho, sin persona en la larga distancia que hay desde Lavapiés a aquel barrio, la noche como boca de lobo, y él renegando de su matrimonio, juzgad vosotros si se tardaría buen espacio de tiempo en hallar lo que buscaba y no había menester; que entre tanto que él se va echando en remojo, volveré yo a la enferma de bellaquería y no de males de estómago; la cual, en viendo fuera de casa a su buscón marido, llamó a su hermano, que estaba escondido en la cueva con otros dos amigos, y en un instante quitaron la puerta antigua de la calle y pusieron la nueva, que ya tenía su cerradura y aldaba y se había ajustado a los quicios y medido de suerte que, sin ruido, se asentó como de molde.

Encima de ella, en el frontispicio, clavaron una tabla mediana, y escrito en campo blanco: «Casa de posadas.» Hecho esto, trujo una caterva de amigos

rauf die Leidende immer gellendere Todesschreie ausstieß und fortwährend nach Beichte, Heilerin, Sterbesakrament verlangte:

«Ich sterbe! Ach! Man hat mir Arsenkies gegeben! Jesus! Nein, das Übel ist nicht Veranlagung, das Übel ist mein Ehemann!»

Der zornige Morales befürchtete nun eine viel schlimmere Verspottung als die, die soeben gegen ihn, ohne daß er etwas ahnte, angezettelt wurde: wenn jetzt seine Frau stürbe und das Gerücht umginge, er sei schuld daran, so bedeutete das so viel wie dem Eimer noch das Seil in den Brunnen nachzuwerfen. Es hieß also, sie mit viel Liebe und Zärtlichkeit beruhigen, eine Laterne anzünden, die bei der Finsternis und dem Schlamm dringend vonnöten war, Stiefel anziehen, sich in eine Regenpelerine wickeln und die Kapuze über den Hut stülpen, sich auf den Weg machen, um Mutter Castejona zu holen, und zudem auf die Dachtraufen achtgeben, von denen das Wasser heruntertroff. Der gute Morales wußte, daß besagte Heilerin in die Fuencarral-Straße umgezogen war, aber nicht genau, wohin. Bei dem strömenden Regen — wie ich euch schon erzählt habe — ohne eine Menschenseele von der Lavapiés-Straße bis zu jenem Stadtviertel, in der stockfinsteren Nacht seine Ehe verwünschend — sicher könnt ihr euch vorstellen, wie lange er brauchte, um zu finden, was er suchte. Dabei wäre das alles gar nicht nötig gewesen, denn während er sich vom Regen durchweichen ließ, kehre ich zu der Kranken zurück, deren Leiden nicht vom Magen kam, sondern aus ihrer Hinterlist. Sobald sie ihren Mann außer Haus auf der Suche wußte, rief sie ihren Bruder, der mit zwei andern Freunden im Keller versteckt war; im Nu hängten sie die alte Tür aus und setzten die neue ein, die schon Schloß und Klopfer hatte und so gut in die Angeln und den Rahmen paßte, daß sie sich ohne Geräusch einhängen ließ und wie eingegossen saß. Darüber nagelten sie ein mittelgroßes Brett an die Wand auf dessen weißem Feld «Herberge» geschrieben stand. Als alles fertig war, holten sie aus der Nachbarschaft eine ganze Menge Freunde mit deren Frauen; es kamen auch Gittarre-

que vivían cerca de allí con sus mujeres; dos mastines gruñidores, guitarras y castañetas, y de en casa de un figón, cena y jira, acomodada con el tiempo, celebrando con bailes y vino el naufragio del pobre buscacomadres, que sin hallar la Castejona, no hizo más de importunar aldabas y despertar vecinos.

Con el agua a media pierna y la paciencia al gollete, llegó nuestro pintor a su casa. Y oyendo desde la puerta las voces, bailes y grita que pasaba dentro, pensando que la había errado, levantó la linterna, y reconociéndola, vio las puertas nuevas y la tablilla de posadas sobre ella, que le desatinó sobre manera. Volvió a examinar la calle, y halló que era la de Lavapiés.

Recorrió las casas colaterales, y conoció que eran las de sus vecinos. Reparó en las de enfrente, y halló las proprias que siempre. Volvió a la suya, y desconoció la novedad de su puerta y reciente oficio de su título.

– ¡Válgame Dios! – dijo, haciéndose cruces –. Hora y media ha que salí de mi casa, donde mi mujer estaba más para llantos que para bailes. En ella sólo vivimos los dos y su sobrina. Las puertas, aunque menesterosas de reformación, eran las mismas cuando salí que los otros días. Casas de posadas en esta calle no las vi en mi vida; y cuando las hubiera, ¿quién puede de noche y en tan breve tiempo haberle dado a la mía este ventero privilegio? Pues decir que lo sueño no es posible, que tengo los ojos abiertos y los oídos examinadores de este encantamento. Echar la culpa al vino en tiempo de tanta agua, es obligarme a la restitución de su honra. Pues ¿qué puede ser esto?

Tornó a tentar y ver y oír puertas, tablilla y baile, sin saber a qué atribuir tan repentina transformación. Y asiendo de la aldaba, dio golpes con ella, bastantes a despertar el barrio, que no oye-

und Kastagnettenspieler mit, außerdem zwei knurrende Wachhunde; aus einer Kneipe besorgten sie sich ein Nachtessen und die der Jahreszeit angemessene Unterhaltung, und so feierten sie denn mit Trinken und Tanzen den armen im Regen ersoffenen Heilerin-Sucher, der von Haus zu Haus ging und mit seinem lästigen Klopfen zwar die Bewohner weckte, aber die Castejona doch nicht fand.

Naß bis zu den Waden hinauf und mit der Geduld am Ende kam unser Freund endlich wieder nach Hause. An der Tür schon hörte er laute Stimmen, Tanzmusik und Geschrei daraus hervor, und weil er dachte, er habe sich geirrt, hob er die Laterne hoch und sah, daß es wirklich sein Haus war. Aber die neue Tür und das Herbergsschild brachten ihn ganz aus der Fassung. Er überprüfte die Straße nochmals und stellte fest, daß es tatsächlich die Lavapiés war. Er schritt die Häuser daneben ab und erkannte sie als die seiner Nachbarn. Er schaute auf die andere Seite hinüber, da standen die gleichen Häuser wie immer. Er wandte sich nochmals dem seinen zu, die neue Tür war ihm fremd und auch das Gewerbe, welches das Schild anzeigte.

«Gott steh mir bei», sagte er sich bekreuzigend, «vor anderthalb Stunden verließ ich das Haus, wo meine Frau mehr Lust zum Weinen als zum Tanzen hatte. Nur wir beide und ihre Nichte wohnen darin. Die Türen hatten es wohl nötig, instandgesetzt zu werden, aber als ich fortging, waren es dieselben wie früher. Herbergen habe ich an dieser Straße in meinem Leben noch nie gesehen; wenn es neuerdings welche gäbe, wer könnte bei Nacht und in so kurzer Zeit ausgerechnet meinem Haus dieses Vorrecht eingeräumt haben? Zu sagen, daß ich träume, ist unmöglich, denn meine Augen sind offen, und meine Ohren bezeugen diese Verzauberung. Die Schuld dem Wein zuschieben bei solchen Wassergüssen, wäre Ehrverletzung und würde mich zu Wiedergutmachung verpflichten. Was also kann es bedeuten?»

Nochmals betastete er die Tür, besah das Schild, hörte die Musik und verstand nicht, wie die plötzliche Veränderung zustande gekommen war. Er packte den Klopfer und schlug darauf, daß das ganze Stadtviertel hätte erwachen können,

ron o no quisieron oír los bailadores huéspedes. Asegundó aldabas mayores.

Y después de haberle tenido a curar como lienzo de Galicia un buen rato a las goteras, abrió un mozo la ventana de arriba con un candil encendido en la mano y un tocador en la cabeza entre sucio y roto, diciendo:

– ¡No hay posada, hermano! ¡Vaya con Dios, y menos golpes, que le coronará por necio un orinal de seis días!

– Yo no busco posada que no sea mía – dijo el pintor –, sino que me dejen entrar en mi casa, y me diga el que se hace mandón en ella quién en hora y media le ha dado el nuevo oficio de hostería, habiéndole costado su dinero a Diego de Morales.

– ¡De *Parras* debía de ser – respondió el mozo – el que os desgobierna la lengua! ¡Hermano mío, para quien tan aforrado viene, poco daño le hará el agua de las goteras! ¡Váyase noramala, y no me toque otra vez a la puerta, que le echaré un mastín que le abra media docena de botanas!

Cerró con eso de golpe la ventana. Prosiguió adentro la jira y bureo, y el pobre pintor, dándose a los diablos, imaginaba que alguna hechicera le hacía estos trampantojos. Menudeaba el cielo cántaros de agua y nieve a vueltas de un cierzo que le desembarazaba el cerebro. La vela de la linterna se había acabado, y con ella la paciencia de su portador. Y ansí, volviendo a dar mayores golpes a la aldaba, oyó que respondía de dentro uno:

– ¡Mozo, daca un palo! ¡Suelta esos mastines! ¡Sal allá fuera, y hazle a ese borracho una fricación de espaldas con que se le desembarace la cabeza!

Abrióse la puerta entonces y salieron dos perros, que a no detenerlos el mozo y cerrar tras sí, hicieran que llorara el confuso pintor la burla de veras.

nur die tanzenden Gäste hörten nichts oder wollten nichts hören. Er klopfte noch lauter. Nachdem er eine schöne Weile im Regen gestanden hatte und sich vorkam wie gewässertes galicisches Tuch, ging endlich im oberen Stock ein Fenster auf, und ein Hausbursche mit einer zerrissenen schmutzigen Mütze auf dem Kopf und einem brennenden Öllämpchen in der Hand schaute heraus und sagte:

«Es ist kein Schlafplatz frei, Freund! Geht mit Gott, und hört mit der Klopferei auf, sonst stülpe ich Euch einen alten Nachttopf von sechs Tagen auf den Dummkopf!»

«Ich suche keinen Schlafplatz, sondern mein eigenes Bett», sagte der Maler, «ich will nichts anderes, als in mein Haus eingelassen werden, und wer sich darin als Herr aufspielt, soll mir gefälligst sagen, wer in anderthalb Stunden eine Herberge daraus gemacht hat, obwohl es Diego de Morales mit seinem Geld bezahlt hat!»

«Euch hat wohl ein Abgesandter der Hölle die Zunge verrenkt!» antwortete der Bursche. «Guter Freund, wer so stockvoll daherkommt, dem schadet es nichts, unter der Dachtraufe zu stehen! Schert Euch weg, und klopft nicht nochmals an diese Tür, sonst hetze ich Euch einen Hund auf den Leib, der Euch ein halbes Dutzend Löcher daraus herausreißt!»

Dann schlug er das Fenster zu. Drinnen gingen das Gelage und die Lustbarkeiten weiter, und der arme Maler schimpfte und fluchte, denn er glaubte, irgendeine Hexe gaukle ihm ein Blendwerk vor. Der Himmel schüttete Wasser und Schnee aus vollen Kübeln hinunter, dazu wehte ein eisiger Wind, der sein Hirn wieder etwas klarer machte. Die Kerze in seiner Laterne war abgebrannt, und damit war auch die Geduld ihres Besitzers erschöpft. Nochmals klopfte er an die Tür, lauter als vorher, bis er drinnen eine Stimme hörte: «Bursche, nimm einen Stock und laß die Hunde los! Geh hinaus und reibe diesem Trunkenbold den Rücken heiß, bis er wieder einen klaren Kopf hat!»

Dann ging die Tür auf, und zwei Hunde drängten heraus, die für den verspotteten und verwirrten Maler allerdings Grund zum Weinen geworden wären, hätte sie der Bursche nicht zurückgehalten und die Tür hinter sich zugemacht.

– ¡Hombre del diablo! – dijo el ministro –. ¿Qué nos queréis aquí con tantos golpes? ¿No os han dicho que no hay posada?

– ¡Hermano, ésta es la mía! – respondió él –. ¿Quién diablos la ha convertido en mesón, siendo ella, desde mis padres acá, de Diego de Morales?

– ¿Qué decís, hermano? – replicó –. ¿Qué Morales o azufaifos son ésos?

– ¡Yo lo soy – dijo –, por la gracia de Dios pintor conocido en esta Corte, estimado en este barrio y habitador de esta casa más ha de veinte años! ¡Llamadme a mi mujer, Mari-Pérez, si no es que también se ha transformado en mesonera, y sacaráme de este laberinto!

– ¿Cómo puede eso ser – prosiguió el mozo –, si ha más de seis años que esta casa es hospedería de las más conocidas de cuantos forasteros vienen a Madrid, su dueño Pedro Carrasco, su mujer Mari-Molina, y yo su criado? ¡Andad con Dios; que a no teneros lástima, yo os curara por el ensalmo de este garrote la enfermedad vinosa que os deslumbra!

Volvió a cerrar la puerta, entrándose dentro; y el expelido amo de su casa, atarantado, sin saber qué se decir ni hacer, a escuras y atrancando lodos, se fue a la del celoso Santillana. Llamó a ella y haciéndole levantar casi a las cuatro de la mañana, encendió luz, creyendo que le habría sucedido algún desastre o pendencia.

Preguntóselo; y informado de lo que pasaba, hizo levantar a su mujer; y aunque ella sabía el fin a que tiraba la burla, la hizo (en compañía de su marido) del aguado pintor, atribuyéndolo a los hechizos y tropelias que Yepes y San Martín – de quien no era poco devoto – suele hacer en tales noches y tiempos. Encendieron lumbre, en que se calentó. Dejaron a enjugar su ropa, limpiáronle las botas, y dándole ma-

«Teufelsbrut!» fuhr ihn der Bursche an, «was wollt Ihr von uns mit dieser Klopferei? Hat man Euch nicht gesagt, daß kein Schlafplatz frei ist?»

«Bruder, das ist mein Haus!» antwortete er. «Wer in Teufels Namen hat eine Herberge daraus gemacht, wo es doch von den Eltern her schon Diego Morales gehört?»

«Was redet Ihr da, Bruder?» erwiderte er. «Morales oder Jujuben, Brombeeren oder Brustbeeren, was soll's?»*

«Ich bin es selbst», sagte er, «durch Gottes Gnade ein bekannter Maler am Königshof und geachteter Mann in diesem Stadtviertel, wo ich seit mehr als zwanzig Jahren hier in diesem Haus wohne! Ruft meine Frau Mari-Pérez herbei, sofern sie sich nicht auch in eine Gastwirtin verwandelt hat! Sie führt mich aus diesem Irrgarten heraus.»

«Wie kann das sein?» fuhr der Hausknecht fort? «ist doch dieses Haus seit mehr als sechs Jahren eine Herberge, und sogar eine der bekanntesten bei allen Fremden, die nach Madrid kommen! Sein Besitzer ist Pedro Carrasco, seine Frau heißt Mari-Molino, und ich bin ihr Hausknecht. Geht also mit Gott! Tätet Ihr mir nicht leid, ich würde Euch mit diesem Stock von den Weindünsten heilen, die Euch benebeln.»

Er schloß die Tür und verschwand. Der hinausgeworfene Hausherr stand benommen da und wußte nicht, was er sagen oder tun sollte; mit großen tappenden Schritten ging er im Dunkeln durch den Dreck zum eifersüchtigen Santillana und klopfte an. Es war beinahe vier Uhr früh, als dieser aufstehen mußte; er machte Licht; denn er glaubte, es sei ein Unglück geschehen oder es habe Streit gegeben. So fragte er ihn, und als er Auskunft erhalten hatte, hieß er auch seine Frau aufstehen. Die wußte, worauf der Spaß hinauslief, und verspottete (wie ihr Mann) den aufgeweichten Maler; sie schob alles auf die Zauberkünste der Weine aus Yepes und San Martín – denen tat der Maler viel Ehre an –, die in dieser Jahreszeit zu nächtlicher Stunde oftmals solchen Schabernack trieben. Sie machten ein Feuer, an dem er sich wärmte, hängten seine Kleider zum Trocknen auf, putzten ihm die Stiefel und schmierten das Leder auch noch mit Hohn und

traca sobre el fieltro, que resistió mejor el agua que sus fisgas, le acostaron en una cama que le hicieron, porfiando él en acreditar lo que había visto, y ellos en afirmar que venía, como dicen, calamocano.

Luego, pues, que la buena Mari-Pérez supo por sus espías que se había ausentado su enlodado esposo, asentó la primera puerta con ayuda de sus convidados como estaba de antes, quitó la tablilla, y haciendo que se llevasen lo uno y lo otro consigo, los despidió a todos, conjurándolos guardasen secreto; y quedándose con su sobrina sola, se acostaron, cansados los pies de bailes, las manos de castañetas, los estómagos de comer y las bocas de reír, durmiendo a satisfacción de la cena y entretenimiento hasta la mañana,

que volvió su pintor a medio enjugar en compañía del viejo Santillana, que casi persuadido con la porfía de nuestro Morales, oyéndole afirmar lo mismo a la mañana que por la noche, deseaba ver esta nueva maravilla. Llegaron, en fin, a vista de la casa encantada. Y hallándola con su puerta antigua, sin tablilla sobre ella, quieta y cerrada, comenzó el viejo a dar cordelejo de nuevo al pobre Morales, y él de nuevo también a desbautizarse, jurando y perjurando que era verdad cuanto le había referido, y alguna arte del demonio aquella con que pretendía se desesperase. Llamaron, y salió a medio vestir la sobrina, abriendo la embustera puerta; y en viendo a su casi padrastro, le dijo:

— ¿Con qué cara viene vuesa merced, señor tío, a ver a su mujer? ¿Ni qué cuenta dará de sí quien, dejándola a la muerte a las doce, y enviándole por una comadre, vuelve a las ocho de la mañana sin ella y con esa flema?

— ¡Si tú supieras, Brígida — respondió —, en lo que por tu tía me he visto esta noche, más lástima

Spott, was der Arme schlechter ertrug als die Nässe. Dann richteten sie ihm ein Bett, und er legte sich schlafen, bestand aber nach wie vor auf dem, was er gesehen hatte; sie beteuerten ebenso hartnäckig, daß er, wie man so sagt, beschwipst gekommen sei.

Sobald die gute Mari-Pérez von ihren Spionen vernahm, daß ihr im Dreck watender Ehemann sich wegbegeben hatte, setzte sie mit Hilfe ihrer Gäste die ursprüngliche Tür wieder so ein, wie sie vorher gewesen war, entfernte das Schild, achtete darauf, daß sie beides mitnahmen, ließ sie schwören, das Geheimnis nicht preiszugeben, und verabschiedete sich von allen. Als sie mit ihrer Nichte allein war, legten sie sich ins Bett – ihre Füße waren müde vom Tanzen, ihre Hände vom Kastagnettenschlagen, ihre Mägen vom Essen, ihre Lippen vom Lachen – und schliefen zufrieden und glücklich über das Essen und die Lustbarkeiten in den Morgen hinein. Da kam der Maler zurück – er war inzwischen fast trocken –, ihn begleitete der alte Santillana, der von der Hartnäckigkeit unseres Morales fast umgestimmt war, denn am Morgen beteuerte dieser immer noch das gleiche wie in der Nacht; Santilla wollte das neueste Wunder mit eigenen Augen sehen. Sie kamen also in Sichtweite des verwunschenen Hauses; da es mit seiner alten Tür und ohne Herbergsschild verschlossen und still dastand, stichelte er aufs neue auf den armen Morales ein, und dieser wiederum beteuerte und beschwor zornig und gereizt, es sei alles wahr, was er ihm erzählt habe, und es müsse sich um ein Teufelswerk handeln, um ihn zur Verzweiflung zu bringen. Sie klopften an die heimtückische Tür, die Nichte kam noch nicht fertig angezogen heraus, und als sie ihren sozusagen Ersatzvater erblickte, sagte sie:

«Mit was für einer Miene kommen Euer Gnaden, Herr Onkel, um nach Eurer Gattin zu sehen! Wie wollt Ihr Euch rechtfertigen? Dem Tode nahe habt Ihr sie um zwölf verlassen, um eine Heilerin zu holen, und morgens um acht kommt Ihr seelenruhig ohne Heilerin zurück!»

«Wenn du wüßtest, Brígida», antwortete er, «was ich wegen deiner Tante heute nacht ausgestanden habe, du hättest

tuvieras de mí que quejas! ¡Mañana nos hemos de mudar de esta casa, que andan en ella enjambres de demonios!

Oyóle en esto la prevenida enferma, y levantándose como una onza de la cama en sólo manteo, salió dando gritos y diciendo:

– ¡Oh, qué solícito marido de la salud de su mujer! ¡Para frío de cuartana valéis lo que pesáis, Morales mío, que no volveréis en toda la vida! ¿Hízoos mal el sereno de anoche? ¿Venís acatarrado? ¡Qué enjuto que os dejó la tempestad pasada! ¡Cerca vivía la piadosa Marta que os hospedó! ¡Bien creístes vos hallarme muerta cuando volviésedes con la Castejona, y entraros por mi dote y hacienda como por viña vendimiada!

Pero ¡malos años para vos y para quien tan mal me desea! ¿A qué viene vuesa merced con ese perdido, señor Santillana? Si es a disculparle conmigo, no tiene para qué, que por el siglo de mi madre que he de irme luego al vicario y pedir divorcio! ¡No quiero aguardar otra ensalada cuya sal maliciosa ponga a pique mi vida!... Dame de vestir, Brígida; toma tu manto, huye deste busca-comadres...

– ¡Sosiéguese vuesa merced, señora Mari-Pérez – dijo el amigo –, que el señor Morales no tiene la culpa, sino alguna hechicera que por malos medios quiere hacerlos malcasados!

– ¡Mujer – acudió el afligido pintor –, puesto que os parezca tenéis razón en quejaros de mí, escuchad las mías y hablad menos libre, que me falta paciencia para sufriros, gastada la que tenía en los embelecos de esta noche!

Contólo en esto todo lo que ella mejor se sabía; con que, fingiendo alborotos nuevos, volvió a decir:

– ¿A mí con papeles? ¿No ven vuesas mercedes que soy cabos negros y boquiancha? ¿Hay más lin-

bei weitem mehr Mitleid mit mir als Klagen gegen mich. Morgen müssen wir hier ausziehen, denn in diesem Haus wohnen ganze Schwärme von Teufeln!»

Als die horchende Kranke ihn so reden hörte, sprang sie wie eine Raubkatze aus dem Bett, warf sich rasch ein Tuch über und stürzte laut schimpfend heraus:

«Oh, wie pflichteifrig wacht mein Gemahl über die Gesundheit seiner Frau! Im Wechselfieber seid Ihr eine Last wie Euer ganzes Körpergewicht, mein Morales, darum laßt Euch Euer Lebtag nicht mehr blicken! Ist Euch die Nachtluft schlecht bekommen? Habt Ihr einen Schnupfen erwischt? Wie trocken habt Ihr doch das Unwetter überstanden! In der Nähe wohnt die mitleidige Marta, die Euch aufnahm! Ihr habt wohl geglaubt, mich tot vorzufinden, wenn Ihr mit der Castejona zurückkommt, um über meine Mitgift und meinen Besitz herzufallen wie über einen Weinberg nach der Lese! Aber schlechte Zeiten stehen Euch und allen bevor, die mir solches Unheil wünschen! Wozu kommen Euer Gnaden, Herr Santillana, mit diesem Elenden hierher? Falls Ihr ihn rechtfertigen wollt, so ist es umsonst; denn bei der ewigen Seligkeit meiner Mutter, ich gehe jetzt zum Richter und verlange die Scheidung! Ich will keinen weiteren Salat abwarten, dessen Salz mich fast das Leben kostet. Bring meine Kleider, Brígida, nimm deinen Mantel und flieh vor diesem Heilerin-Sucher, vielmehr Schürzenjäger...»

«Beruhigen sich Euer Gnaden, Frau Mari-Pérez», sagte der Freund, «denn Herrn Morales trifft keine Schuld; irgendeine Zauberin hat mit bösen Mitteln Eure Ehe zerstören wollen.»

«Frau», ergänzte der Maler besorgt, «auch wenn Euch scheint, daß Ihr gute Gründe habt, Euch über mich zu beklagen, so hört Euch doch meine an und führt keine so lose Zunge; meine Geduld ist durch den Spuk der letzten Nacht aufgebraucht, und ich kann Euch nicht länger ertragen!»

Darauf erzählte er ihr, was sie viel besser wußte; dennoch spielte sie immer noch die Entsetzte und schimpfte weiter:

«Was soll mir das Gefasel? Sehen Euer Gnaden nicht, von welcher Rasse ich bin: schwarze Hufe, breites Maul!

das papandujas que las que me venden? ¿Casa de posadas la mía? ¿Mastines, bureo, bailes y fiestas aquí anoche? ¡Aun si dijeran quejas, maldiciones, suspiros y males, acertaran! ¡No lo hubiera hecho mejor conmigo media azumbre del Santo y dos mostachones acompañados de seis bizcochos, que desterraron el mal de madre, que mi cuidadoso marido, que ya mascara tierra la pobre de su mujer!

– Hágaos muy buen provecho, esposa mía! – respondió él –. ¡Y no permitáis que me entre en malo a mí, dándome tras de una noche tan penosa un día tan pendenciero!

¡Juro a todo lo que puedo jurar que cuanto os he contado me sucedió! En esta casa debe de haber duendes. Con venderla o alquilarla, pasándonos a otra, se remediará todo.

– Y ¡cómo que hay duendes, señor tío! – acudió la taimada Brígida –. Las más noches me pellizcan y dan de azotes, aunque blandos, y se ríen a carcajadas.

– Pues ¿cómo nunca me lo has dicho? – dijo la disimulada tía.

– Porque no imaginasen vuesas mercedes – respondió – que era otra persona, en descrédito de mi opinión y su casa de mis señores tíos.

– ¡Alto! ¡Eso debe ser, sin duda! – dijo Santillana –. ¡No hay sino perdonarse unos a otros, y entrar con buen pie en la Cuaresma, que es mañana!

Hízose así, quedando en ojeriza con los duendes el encantado pintor, y su mujer con esperanza de que premiase su burla el diamante pretendido.

No desmayó la bella malmaridada por ver la prosperidad y sutileza de las burlas de sus dos opositoras.

Antes, de un camino satisfizo dos necesidades: el premio de la burla el uno, y el otro la cura de su celoso compañero, que dispuso así:

Gibt es fauleres Obst, als Ihr mir hier andrehen wollt? Mein Haus soll eine Herberge sein? Wachhunde, Gelage, Tanz und Lustbarkeit gestern nacht? Wenn Ihr von Klagen, Verwünschungen, Stöhnen und Schmerzen reden würdet, dann hättet Ihr recht! Hätten nicht ein halbes Maß ‹Santo› und zwei Mandelmakronen mit sechs Scheiben Zwieback meiner Unpäßlichkeit besser abgeholfen als mein fürsorglicher Ehemann, seine arme Gattin würde jetzt Erde kauen!»

«Wohl bekomme sie Euch, meine Gattin!» gab er zurück, «und sorgt dafür, daß die Krankheit nicht bei mir Einzug hält, wenn Ihr mir nach einer Nacht voller Plagen auch noch einen Tag voller Schelte beschert! Ich schwöre Euch bei allem, was ich schwören kann, daß mir alles, was ich Euch erzählt habe, tatsächlich widerfahren ist! In diesem Haus müssen sich Poltergeister umtreiben; wir ziehen aus und verkaufen oder vermieten es, dann sind wir sie los.»

«Allerdings treiben sich hier Poltergeister um, Herr Onkel!» meldete sich die schlaue Brígida. «Fast jede Nacht kommen sie und kneifen und tätscheln mich ganz sanft, und dann lachen sie laut heraus.»

«Warum hast du mir denn nie etwas gesagt?» antwortete die Tante, ohne sich etwas anmerken zu lassen.

«Damit Euer Gnaden nicht meinen», antwortete sie, «es könnte jemand anderes sein; das brächte mich und das Haus meines Onkels und meiner Tante in Verruf.»

«Halt! So mußte es kommen, kein Zweifel!» sagte Santillana. «Bleibt nur noch, daß jeder dem anderen verzeiht und alle versöhnt in die Fastenzeit gehen, die morgen beginnt!»

So wurde es gemacht – dem verhexten Maler blieb der Mißmut über die Poltergeister, seiner Frau die Hoffnung, daß ihr Spott mit dem begehrten Diamanten belohnt werde.

Die unglücklich verheiratete Schöne verzagte keineswegs bei den geschickten und geglückten Streichen ihrer beiden Mitbewerberinnen. Ihr ging es darum, gleichzeitig zwei Ziele zu erreichen: zum einen den Preis für den besten Streich, zum andern die Heilung ihres eifersüchtigen Lebensgefährten. Sie machte es so:

Acababa de llegar a Madrid un religioso, hermano suyo, por prelado de uno de los monasterios, que fuera de la Corte, con la recolección de su vida apuntalan lo que los vicios tienen a pique de arruinar. No sabía su venida el celoso Santillana; y su mujer, cuando ausente, por cartas, y agora, presente, por papeles y una visita que él le hizo, se le había quejado de la mala vida que sus impertinentes sospechas la daban, y dicho que si no fuera por su respeto y lo que menoscababa la opinión de las mujeres el poner pleitos a sus maridos y pedir divorcios, se hubiera apartado dél por el Vicario. Estaba informado el prudente religioso de los vecinos y amigos del mal acondicionado viejo de la razón que su hermana tenía de aborrecerle y vivir desconsolada, deseando hallar un medio con que alumbrarle el entendimiento, y, sin romper con el yugo conyugal, persuadirle cuánta satisfacción era justo tuviese de su esposa, y que celos sin ocasión no suelen servir sino de despertar a quien duerme. Pero por más que estudió sobre ello, nunca atinó traza suficiente que venciese la pertinaz malicia, que ya vuelta en costumbre, era casi imposible de desarraigar su sospechosa vejez.

Habíala escrito que mirase ella qué modo le parecía más a propósito para que, sin llegar a dar cuenta de sus trabajos a tribunales causídicos, ella viviese descansada y su marido con sosiego; que por difícil que fuese, él pondría toda la diligencia imaginable en su ejecución. Ahora, pues, que halló ocasión para ejecutarle en estas promesas, curar al viejo Santillana, y, de camino, llevarse el diamante, una mañana que él se fue a oír misa y sermón, por ser principio de Cuaresma envió a llamar al bienintencionado fraile; y después de haberse consolado con él llorándole sus martirios y pesadumbres, le dijo que no hallaba otra traza más a

Eben war ein Bruder von ihr nach Madrid gekommen; er war Mönch und zum Abt eines Klosters in der Nähe des Hofes bestimmt, wo mit gottgefälligem Leben gestützt wird, was die Laster zum Einsturz zu bringen drohen. Der eifersüchtige Santillana wußte nichts von dessen Ankunft; seine Frau hatte sich oft bei ihrem Bruder über das schlimme Leben beklagt, das er ihr mit seiner Eifersucht und seinen unverschämten Verdächtigungen bereitete – in Briefen, solange er fern war, nun, da er nahe war, in Botschaften und bei einem Besuch, den er ihr machte – und ihm mitgeteilt, wenn es nicht um ihre Achtbarkeit ginge und der Ruf von Frauen, die ihre Männer verklagen und die Scheidung beantragen, nicht Schaden litte, sie hätte sich längst gerichtlich von ihm getrennt. Der kluge Mönch hatte sich bei Nachbarn und Freunden erkundigt und erfahren, daß seine Schwester Gründe hatte, den schwierigen Alten zu verachten; daß sie in ihrer Not ein Mittel suchte, ihn zur Vernunft zu bringen, ohne das Band der Ehe zu zerreißen; und daß sie ihm klarmachen wollte, er tue gut daran, mit seiner Frau zufrieden zu sein, und grundlose Eifersucht bewirke nur, Schlafende zu wecken. Aber so angestrengt er auch darüber nachdachte, er fand nie einen Weg, der ihm sicher genug vorkam, das harnäckige Übel zu besiegen, denn es war schon so zur Gewohnheit geworden, daß es fast unmöglich schien, in seinem Alter noch die Wurzeln auszureißen.

Er hatte ihr geschrieben, sie müsse selbst herausfinden, welches Mittel ihr am geeignetsten scheine, daß sie und ihr Mann ruhig und in Frieden leben könnten, ohne vor Gericht ihre Nöte darlegen zu müssen; er sei ungeachtet aller Schwierigkeiten zu jeder nur denkbaren Hilfe bereit. Nun, da sich Gelegenheit bot, die Einlösung des Versprechens, den alten Santillana zu heilen, bei ihm einzufordern und beiläufig den Diamanten zu gewinnen, schickte sie sofort nach dem bereitwilligen Mönch, als ihr Mann aus Anlaß der beginnenden Fastenzeit zur Messe und zur Predigt ging; nachdem sie bei ihm ihre Qualen und Nöte ausgeweint hatte, sagte sie zu ihm, sie finde kein geeigneteres Mittel, ihm das Gift der Eifersucht auszutreiben, als das eine, das sie ihm nun vor-

propósito para sacarle de la cabeza aquel tema venenoso de sus celos, si no era uno que le propuso y después sabréis. Refirióselo con toda la elocuencia que dio el artificioso persuasivo a las mujeres, con lágrimas, suspiros y encarecimientos, concluyendo en que si no le ejecutaba, sería imposible no acabar o con sus trabajos descasándose, o con su vida rematándola en una viga de su casa por medio de un cordel. El remedio que la malcasada le ofreció tenía muchos inconvenientes. Pero, en fin, atropelló con todos el amor de hermano, la piedad de religioso y el deseo de impedir alguna desesperación, creíble de la angustia y sentimiento que nuestra Hipólita – que éste era su nombre – mostraba. Prometióle llevar al cabo lo que le pedía; señalaron el día, despidióse, llegó a su convento, y propuso el caso a sus súbditos. Queríanle mucho, y conociendo el provecho que se esperaba de él para la quietud de dos casados, le ofrecieron hacer cuanto les mandase, y le animaron a concluirle.

Alentado con esto, envió para el plazo concertado dos onzas de unos polvos eficacísimos para dormir, quien los bebiese, cuatro o cinco horas, con tanta enajenación de los sentidos, que sólo se diferenciaban de la muerte en la breve distancia con que aquéllos restituían el alma a sus vitales ejercicios. Recibiólos contenta la astuta Hipólita, asentándose a cenar con su marido y mezclándolos con el vino, apetitoso a sus años.

Entre bocado y bocado la daba una reprensión, y entre trago y trago bebía su sueño. Al último, en fin, sin aguardar a que se levantasen los manteles, cayó como piedra en pozo, siendo tan eficaz la polvareda boticaria, que a no estar sobre el caso la aplicante y la moza, creyeran – y no les pesara – que había nuestro Santillana desembarazado el matrimonio. Desnu-

schlug und das ihr im folgenden erfahren werdet. Mit der ganzen Beredsamkeit, die weiblicher Überzeugungskunst gegeben ist, mit Tränen, Seufzern und inständigen Bitten legte sie ihren Plan dar und schloß, wenn er die Ausführung nicht in die Hand nehme, bleibe für sie als Ausweg nur noch, entweder Schluß zu machen mit ihren Qualen, indem sie ihre Ehe auflöse, oder mit ihrem Leben, indem sie sich an einem Strick an einem Balken ihres Hauses erhänge. Dem vorgeschlagenen Heilmittel hafteten allerdings viele Nachteile an, die aber schließlich alle ausgeräumt wurden von der Bruderliebe, der mönchischen Milde, vor allem aber dem Wunsch, eine Verzweiflungstat zu verhüten, denn eine solche war unserer Hipólita – das war ihr Name – durchaus zuzutrauen, so verdüstert wirkte ihr Gemüt. Er versprach ihr, auszuführen, was sie von ihm verlangte; sie vereinbarten den Tag, er verabschiedete sich, ging in sein Kloster zurück und legte den Fall seinen Untergebenen vor. Diese liebten ihn sehr, und da sie wußten, daß für den Seelenfrieden eines Ehepaares nur Vorteile von ihrem Abt zu erwarten waren, erboten sie sich, alles zu tun, was er von ihnen verlangte, und ermunterten ihn, die Tat zu vollbringen.

Dadurch angespornt, schickte er auf den vereinbarten Tag hin zwei Unzen eines hochwirksamen Schlafmittels; wer es einnahm, fiel für vier bis fünf Stunden in eine so tiefe Bewußtlosigkeit, daß der einzige Unterschied zu einem Toten darin bestand, daß es in kurzer Zeit der Seele ihre Lebensäußerungen zurückerstattete. Die schlaue Hipólita nahm das Pulver mit großer Freude entgegen, mischte es in den Wein, den der alternde Mann sehr genoß, und setzte sich mit ihm zum Nachtessen an den Tisch. Nach jedem Bissen erteilte er ihr einen Verweis, und mit jedem Schluck schlürfte er seinen Schlaf ein. Beim letzten dann konnte er nicht einmal mehr abwarten, daß der Tisch abgeräumt wurde; er fiel hin wie ein Stein in einen Brunnen, so wirksam war das Schlafmittel. Wären die Verabreicherin und die Magd nicht eingeweiht gewesen, sie hätten geglaubt – und es wäre ihnen nicht leid gewesen – unser Santillana habe das Ehejoch abgelegt. Sie kleideten ihn aus, legten ihn ins Bett und warteten,

dáronle. Y echándole en la cama, aguardaron que viniese por él el religioso hermano, que no tardó mucho, pues a las nueve – suficiente hora y quieta para aquel tiempo frío y de invierno –, con dos legos y un coche, se apearon a su puerta, y entrando dentro, mandó a uno de sus compañeros que venía prevenido de tijeras y navaja, que le quitase toda la barba y abriese una corona de fraile. No se mostró perezoso el obediente barbero, pues sin bañarle, porque la frialdad del agua no ahogase la virtud de los polvos, le convirtió en reverendo cenobita. Era cerrado de cabellos como de mollera, y así salió la corona con toda perfección venerable, autorizándola las canas, que se entretejían todo lo posible. Y despachada la barba, no pudo dejar de causarle risa a su mujer, viendo vuelto a su marido de viejo en vieja. Vistiéronle un hábito como el de su hermano, sin sentirlo él más que si esto acaeciera con el conde Partinuples; y metiéndole en el coche, encargó el prelado a Hipólita encomendase a Dios el próspero fin de aquel buen principio. Llegó con él a su monasterio, y desembarazando una celda, le desnudaron, acostándole en una cama penitente, dejándole los hábitos sobre una silla y un candil encendido; juntaron la puerta y se fueron a dormir.

Dos horas había que duraba el éxtasis del ignorante novicio, y dos prosiguió en su dormilona embriaguez, que era el término puesto a la virtud de los polvos con jurisdicción de solas cuatro horas; y habiéndola comenzado a las ocho, siguiese que a las doce fenecería su operación.

Tocaron a maitines, como se acostumbra en todos los monasterios, a medianoche, y tras la campana las matracas con que despiertan a los que se han de levantar – que es un instrumento cuadrado, de tablas huecas llenas de eslabones de hierro, que, cayendo sobre clavos gruesos y meneándo-

bis der Bruder ihn holen komme. Der Mönch fuhr auch bald mit zwei Laienbrüdern in einem Wagen vor, denn bei dem kalten Winterwetter war es um neun Uhr schon ruhig genug auf der Straße; vor der Haustür stiegen alle ab und gingen hinein. Einer der Begleiter war mit Schere und Rasiermesser ausgerüstet; der Mönch befahl ihm, dem Schlafenden den Bart wegzurasieren und ihm eine schöne Tonsur ins Haupthaar zu schneiden. Der Barbier ließ sich nicht lange bitten; ohne ihn zu waschen, damit das kalte Wasser die Wirkung des Schlafmittels nicht aufhöbe, verwandelte er ihn im Nu in einen ehrwürdigen Zönobiten. Er hatte nicht nur einen dicken Schädel, sondern ebenso dichtes Haar, weshalb die Tonsur mit aller nur wünschbaren verehrungswürdigen Vollkommenheit gelang, und da sein Haar schon recht stark ergraut war, wirkte er noch glaubhafter. Als der Bart weg war, mußte seine Frau doch lachen, denn auf einmal war aus dem Greis eine Greisin geworden. Sie zogen ihm eine Mönchskutte an, wie sie ihr Bruder trug, und er merkte von dem allem so viel, als ob das ganze dem Grafen Partinuples widerfahre. Sie legten ihn in den Wagen, und der Abt ermahnte Hipólita noch, sie möge zu Gott beten, daß das Unterfangen so gut ausgehe, wie es begonnen hatte. So kamen sie mit ihm ins Kloster, räumten eine Zelle, kleideten ihn aus und legten ihn auf das harte Büßerlager. Die Kutte breiteten sie über einen Stuhl und stellten ein brennendes Öllämpchen auf, zogen die Tür zu und gingen schlafen.

Zwei Stunden hatte die geistige Abwesenheit des ahnungslosen Novizen schon gedauert, und zwei weitere verharrte er noch in tiefem Schlaf, bis die Wirkung des Pulvers sich erschöpfte, denn sie war auf vier Stunden begrenzt; da sie um acht Uhr begonnen hatte, läßt sich schließen, daß sie um zwölf Uhr zu Ende war.

Um Mitternacht läuteten die Glocken zur Matutin, wie es in allen Klöstern Brauch ist. Damit auch ja alle erwachten, die aufstehen mußten, folgten auf die Glocken die Rätschen – das ist ein viereckiges Instrument aus Holzbrettchen, in deren Hohlräume Eisenringe eingelassen sind; bei schnellem Drehen fallen diese auf dicke Nägel und erzeugen ein Geras-

las apriesa, hace un son desapacible para los que despiertan y le conocen, y espantoso para los que coge desapercibidos y bisoños en tan gruñidora música. Así le sucedió al pobre Santillana, pues, despertando despavorido y creyendo que estaba en su cama y casa, dió un grito, diciendo:

– ¡Jesús! ¿Qué es esto, Hipólita? ¿Cáese la casa? ¿Hay truenos, o vienen por mí los diablos?

Como no le respondió, atentó a los lados buscando a su mujer; y no hallándola, lleno de malicias y imaginando que estaba haciéndole fayancas y con el ruido pasado querían echarle el aposento a cuestas, se levantó furioso y diciendo a voces:

– ¿Dónde estás, adúltera? ¡Mala hembra, no dirás ahora que son ilusiones y vejeces las mías! ¿A media noche fuera de mi cama y aposento, recibiendo por el techo el adúltero? ¡Más leales que tú son para mí las tejas, pues cayéndose me han despertado! ¡Daca mis vestidos, muchacha! ¡Venga la espada, que yo lavaré mi afrenta en la sangre destos traidores!

Esto y buscar los vestidos, hallando en vez de ellos los hábitos de fraile, fue todo uno. La novedad de la celda, sin saber cómo o quién le había traído a ella, lo tuvo como cada cual podrá juzgar por sí; ni sabía si diese voces, ni si era arte aquélla de encantamiento; si dormía o velaba. Fue a abrir la puerta, y estaba sobre ella una calavera, que cayendo sobre la suya los dos huesos de las canillas, le resfriaron la cólera de los celos con la flema del miedo que le causó verse acometido de *requiem*. Juzgándola a mal pronóstico, tomó el candil para ver a qué calle o campo caía aquel aposento encantado o en qué parte estaba, y vio un tan largo dormitorio, que le cansó la vista, lleno de celdas, con una lámpara en medio.

– ¡Válgame Dios! ¿Qué es esto? – dijo volviéndose a entrar temblando –. ¿No me dormí yo en

sel, das für die Vertrauten abscheulich ist, wenn es sie aus dem Schlaf reißt, bei Neulingen aber, die auf ein solches Geratter nicht gefaßt sind, Grauen erregen muß. So geschah es dem armen Santillana; er fuhr entsetzt auf, und da er meinte, er liege an der Seite seiner Frau im Bett bei sich Zuhause, schrie er:

«Jesus, was ist das, Hipólita? Stürzt das Haus ein? Sind das Donnerschläge, oder kommen mich die Teufel holen?»

Da sie ihm nicht antwortete, tastete er auf beiden Seiten nach ihr und fand sie nicht; in seiner Wut meinte er, sie spiele ihm einen Streich, mit dem Lärm vorhin wollte man das Zimmer über seinem Kopf einreißen und ihn in den Trümmern begraben; er sprang auf und schrie erbost:

«Wo bist du, Ehebrecherin? Verruchtes Frauenzimmer, sag nur nicht, meine Verdächtigungen seien altersschwache Einbildungen! Mitten in der Nacht nicht in meinem Bett und nicht im Zimmer? Auf die Ziegel ist mehr Verlaß als auf dich, denn sie haben mich beim Herunterfallen geweckt! Bring mir die Kleider, Magd! Her mit dem Schwert, damit ich im Blut der Verräter meine Schande wasche!»

Gleichzeitig langte er nach seinen Kleidern, fand aber statt ihrer nur eine Mönchskutte. Die ungewohnte Zelle, keine Ahnung zu haben, wie oder durch wen er hierher gekommen sein könnte, das alles wirkte, wie jedermann sich vorstellen kann: er wußte nicht, ob er schreien solle, ob es Blendwerk sei, ob er schlafe oder wache. Er ging die Tür öffnen, aber darüber hing ein Totenschädel mit gekreuzten Röhrenknochen, die ihm nun auf den Kopf fielen, was seine aufwallende Eifersucht jäh abkühlte, denn der Zusammenprall mit dem «Requiem» jagte ihm lähmende Todesangst ein. Er sah darin ein schlimmes Vorzeichen, nahm das Lämpchen, um zu schauen, auf welche Straße oder welches Feld das verwunschene Zimmer hinausgehe oder in welcher Gegend es sich überhaupt befinde, aber er sah nur einen endlos langen Schlafsaal mit Zellen, bis das Auge müde wurde; in seiner Mitte brannte eine Lampe.

«Gott steh mir bei! Was ist das?» sagte er zu sich selbst, als er zitternd wieder hineinging. «Bin ich denn gestern

acabando de cenar anoche? ¿Quién me ha traído aquí ahora, trocando mis vestidos en hábitos? ¿Si estoy en el Hospital? Que ésta más parece enfermería que habitación política. ¿Si mis celos me han vuelto loco, y para curarme me han traído al Nuncio de Toledo? Que la estrechez de este aposento más parece jaula que hospedería. ¡No sé lo que imagino! Aunque esto último bien puede ser, pues, si no me acuerdo mal, ya andaba mi seso dando zancadillas de puro imaginativo sobre la conservación de mi honra; y no será mucho que haya algunos dos o tres años que me estén curando en este hospital, y ahora, vuelto en mi juicio, me parezca que fue anoche cuando estuve quieto y seguro en mi casa y con mi mujer. Si es esto como imagino, a navaja quitan los cabellos y barbas a los locos y a los galeotes; la mía me sacará deste temor.

Echó mano a ella, y hallóla tiple, habiéndola él criado con trabajo. Tentóse la cabeza, y hallóse coronado por rey de los celosos maridos. Lloró su juicio rematado, teniéndose por conventual del Nuncio, creyendo que por burlarse dél, como suele hacerse con los de su profesión, le habían puesto la cabeza de aquel modo.

Con todo eso se consolaba, pareciéndole que pues echaba de ver entonces el estado en que estaba, había ya vuelto en su juicio, y según esto, saldría presto de aquel colegio desacreditado. Sólo le desatinaban los hábitos, que le disuadían estas imaginaciones, porque los locos que él había visto en Toledo andaban vestidos de ropas burieladas, pero no de religiosos.

Entre estas confusiones ridículas estaba en su celda desnudo, sin haberle acordado que se vistiese el frío, ni saber él por dónde o cómo acomodar la diversidad de pliegues y confusión del hábito, que en su vida se había puesto, cuando entrando

nicht gleich nach dem Nachtessen eingeschlafen? Wer hat mich jetzt hierher gebracht und meine Kleider mit einer Mönchskutte vertauscht? Bin ich im Spital? Das sieht eher nach Krankensaal als nach Gefängnis aus. Ob meine Eifersucht mich wahnsinnig gemacht und man mich zur Heilung in den «Nuncio von Toledo» gebracht hat? Die Enge dieses Zimmers deutet eher auf Käfig als auf Herberge. Ich weiß nicht, was ich mir einbilde! Immerhin wäre dies letztere möglich, denn wenn ich mich recht erinnere, machte mein Hirn ganz schöne Sprünge, so überspannt war es um die Bewahrung meiner Ehre besorgt! Es kann leicht sein, daß man sich schon zwei oder drei Jahre bemüht, mich in diesem berühmten Spital zu heilen; jetzt, da ich wieder bei Verstand bin, kommt es mir vor, als wäre es erst gestern abend gewesen, daß ich ruhig und sicher mit meiner Frau daheim zusammen saß. Wenn es so ist, wie ich mir vorstelle – mit dem Rasiermesser schneidet man Verrückten und Galeerensträflingen Haar und Bart ab – mein Bart wird mich von dieser Angst befreien.»

Er griff mit der Hand danach und fand sein Kinn weibisch kahl, und dabei hatte er sich doch immer große Mühe gegeben, seinen Bart zu pflegen. Er betastete seinen Kopf und fand eine Tonsur, die dem König der eifersüchtigen Ehemänner Ehre gemacht hätte. Er weinte um seinen verlorenen Verstand und hielt sich für einen Irrenhausinsassen, denn er glaubte, man habe ihm den Kopf so geschoren, um sich über ihn lustig zu machen, wie man es mit Leuten seiner Art zu tun pflegte. Bei alledem aber tröstete er sich, daß er nun gemerkt habe, in welchem Zustand er sich befand, und somit wieder bei Verstand sei und bald aus der berüchtigten Anstalt entlassen werde. Nur die Mönchskutte machte ihn stutzig und brachte ihn von solchen Zukunftsaussichten ab, denn die Verrückten, welche er in Toledo gesehen hatte, trugen Kleider aus grobem Tuch und keine Mönchskutten.

Solch lächerliches Zeug ging ihm durch den Kopf, und er merkte gar nicht, daß er nackt in der Zelle stand, und selbst die Kälte bewog ihn nicht, sich anzuziehen; außerdem wußte er nicht, wie mit dem Faltendurcheinander des Gewandes zurechtzukommen wäre, denn er hatte noch nie im Leben

el compañero que daba luz a los demás frailes, le dijo:

– ¿Cómo no se viste, padre Rebolledo, si ha de ir a maitines?

– ¿Quién es aquí Rebolledo, hermano mío? O ¿qué maitines o vísperas son estas que me desatinan? – respondió el casado fraile –. Si sois loco, como yo lo he sido, y es ése el tema de vuestra enfermedad, ya yo estoy sano por la misericordia de Dios, y no para oír disparates. ¡Decidme dónde hallaré al rector, y dejad de rebollearme!

– ¡Con buen humor se levanta, padre Rebolledo! – dijo el religioso – ¡Vístase, que hace frío, y mire que voy a tocar segundo, y que es mal acondicionado el superior!

Fuese con esto, dejándole muy confuso.

– ¿Yo Rebolledo? – decía –. ¿Yo fraile y maitines, no habiendo seis horas, a mi parecer, que al lado de mi Hipólita trataba más en pedirle celos que entonar salmos? ¿Qué es esto, ánimas benditas del Purgatorio? Si duermo, ¡quitadme esta molesta pesadilla! Y si estoy despierto, ¡reveladme este misterio o restituidme el juicio que sin duda he perdido.

Pasmado se estaba, sin acertar a vestirse, obligándole el frío a traer las frazadas a cuestas, cuando vino otro fraile y le dijo:

– Padre Rebolledo: el vicario de coro dice que por qué no va a maitines; que son cantados, y vuestra reverencia es semanero.

– ¡Válgame la corte celestial! – replicó el nuevo fraile –, que, en fin, soy padre Rebolledo yo, siendo ayer Santillana! Dígame, religioso, si es que lo es, o hermano loco, si, como imagino, estamos en algún hospital de ellos: ¿quién me ha puesto en este estado? ¿Cómo o por qué me han quitado mi casa, mi hacienda, mi mujer, mis vestidos y mis barbas? O ¿qué Urganda la Desconocida o Artus

ein solches angezogen. Da kam der Mönch herein, der den Mitbrüdern das Licht brachte, und fragte ihn:

«Warum ziehen Sie sich nicht an, Pater Rebolledo, Sie müssen doch zur Matutin gehen!»

«Wer ist hier Rebolledo, Bruder? Was für Matutinen oder Vespern sind es, die mich um den Verstand bringen?» antwortete der verheiratete Mönch. «Wenn Ihr verrückt seid, wie ich es war, wenn das der Gegenstand Eurer Krankheit ist: ich bin durch Gottes Erbarmen geheilt und nicht gewillt, mir Unsinn anzuhören. Sagt mir, wo ich den Direktor finde, und hört auf, mich Rebolledo zu hänseln!»

«Gut gelaunt stehen Sie auf, Pater Rebolledo!» sagte der Mönch, «ziehen Sie sich an, es ist kalt. Sehen sie, ich läute gleich zum zweiten Mal, und mit dem Pater Superior ist heute nicht zu spaßen!»

Damit ging er weg und ließ ihn ziemlich verwirrt stehen.

«Ich soll Rebolledo sein?» sagte er zu sich. «Ich Mönch und Matutin? Es ist doch noch keine sechs Stunden her, wie mir scheint, daß ich neben meiner Hipólita saß, mehr darauf bedacht, ihr meine Eifersucht zu zeigen, als Psalmen anzustimmen? Was ist das, bei allen Armen Seelen im Fegefeuer? Schlafe ich, so nehmt diesen Albtraum von mir! Bin ich wach, so lüftet dieses Geheimnis, oder gebt mir meinen Verstand wieder, den ich ohne Zweifel verloren habe!»

Er stand starr da, und es gelang ihm nicht, sich anzukleiden, bis die Kälte ihn nötigte, sich die Bettdecke überzuwerfen. Da kam ein anderer Mönch und sagte:

«Pater Rebolledo, der Chorleiter fragt, warum Sie nicht zur Matutin kommen. Heute wird sie gesungen, und Euer Ehrwürden haben diese Woche Dienst.»

«Bei allen himmlischen Heerscharen!» antwortete der Neumönch, «so bin ich denn heute Pater Rebolledo und war doch gestern Santillana! Sagen Sie mir doch, Mönch, falls Sie einer sind, oder Bruder Wahnsinn, falls wir, wie ich vermute, in irgendeiner Irrenanstalt sind: wer hat mich in diesen Zustand versetzt? wie oder warum hat man mir mein Haus, mein Hab und Gut, meine Frau, meine Kleider, meinen Bart weggenommen? oder was für eine unbekannte Urganda

el Encantador anda por aquí y ha rematado con mi seso?

– ¡Buena está la flema y disparate – respondió el corista –, para la priesa con que vengo a llamarle! Delantero debió de cargar anoche en el refitorio, padre Rebolledo, pues aún no se han despedido los arrobos de Baco. Vístase, y si no acierta, yo le vestiré.

Echóle entonces el hábito encima, y al ponerle la capilla, como era estrecha, creyendo que era algún espíritu malo que quería ahogarle, comenzó a dar gritos:

– ¡Arredro vayas, Satanás! ¡Déjame aquí, ángel maldito! ¡Animas del Purgatorio! ¡Santa Margarita, San Bartolomé, San Miguel, todos abogados contra los demonios, ayuda y favor, que me ahoga este diablo capilludo!

Y escabulléndosele de las manos, rota la capilla y arañado el fraile, echó a correr por el dormitorio adelante.

Atentos y escondidos habían estado oyendo la escarapela ridícula el prelado y súbditos, reventando la risa por romper los límites de la disimulación y silencio que este caso requería; pero saliendo juntos con las velas encendidas que habían prevenido para el coro, le dijo severo el disimulado superior:

– Padre Rebolledo, ¿qué escándalo y descompostura es ésta? ¿Al fraile que yo envío para que le llame al coro trata de esta suerte? ¿Las manos pone en un ordenado de grados y corona, y a la culpa de no venir a hacer su oficio añade el descomulgarse? Aparéjese luego; que con un *Miserere mei* se le aplacarán esos bríos.

– ¿Qué es aparejar? – respondió el colérico montañés –. ¿Soy yo bestia? Ya lo estoy para defenderme de vuestras ilusiones. ¡Espíritus condenados!

oder was für ein Zauberer Artus geht hier um und hat mich ganz und gar um den Verstand gebracht?»

«Jetzt auch noch Trödelei und Geschwätz», antwortete der Chorsänger. «Bei der Eile, mit der ich gekommen bin, Sie zu holen! Ganz vornedran müssen Sie gestern abend im Refektorium geladen haben, Pater Rebolledo, denn noch immer ist Bacchus' Verzückung nicht abgeklungen. Ziehen Sie sich an; wenn es nicht geht, helfe ich.»

Er warf ihm also die Kutte über und wollte ihm die Kapuze hochziehen, doch da sie ihm zu eng war, glaubte er, irgendein böser Geist wolle ihn erwürgen, und er schrie heraus:

«Weiche, Satan! Laß mich hier, verfluchter Engel! Alle Armen Seelen im Fegefeuer! Heilige Margarethe, Heiliger Bartholomäus, Heiliger Michael, alle ihr Schutzpatrone gegen die Dämonen, erbarmt euch meiner, dieser Kapuzenteufel will mich erwürgen!»

Er versuchte sich mit den Händen Luft zu verschaffen, zerriß die Kapuze, zerkratzte den Mönch und rannte durch den Schlafsaal davon.

Aufmerksam hatten der Abt und die übrigen Mönche aus einem Versteck der albernen Auseinandersetzung zugehört, nun konnten sie das Lachen nicht mehr verbeißen; um die für den Fall erforderliche Stille nicht zu brechen und ihre Täuschung nicht zu verraten, traten sie heraus, mit Kerzen, die sie für den Chorgesang bereits angezündet hatten, und der Superior sagte mit gespielter Strenge zu ihm:

«Pater Rebolledo, was soll der Tumult und das Ungestüm? Mit dem Mönch, den ich zu Ihnen geschickt habe, um Sie zum Chorgesang zu holen, gehen Sie so grob um? Legen Hand an einen Mann mit Weihen und Tonsur? Und zum Vergehen, nicht zu Ihrem Dienst zu erscheinen, wollen Sie auch noch von der Eucharistie ausgeschlossen werden? Zügeln Sie sich augenblicklich, und mit einem Reuegebet wird sich Ihre Erregung legen.»

«Was heißt zügeln?» antwortete der heftige Nordspanier. «Bin ich ein wildes Tier? Allerdings bin ich es, um mich gegen eure Absichten zu wehren, ihr höllischen Geister! Seht

¡Catad la cruz! ¡No tenéis parte en mí, que soy cristiano viejo de la Montaña, bautizado y con crisma! *Fugite, partes adversœ!*

Estos y otros desatinos comenzó a ensartar, con no poco tormento de la risa de los circunstantes, que se malograba puertas adentro de la boca; pero haciéndole agarrar a dos donados, y diciéndoles el Prelado: «Este fraile está loco; mas la pena le hará cuerdo», le asentaron en las espaldas de par en par una colación de canelones, que pagó con más cardenales que tiene Roma. Daba gritos que los ponía en el cielo, diciendo:

— ¡Señores, o frailes, o diablos, o lo que sois! ¿Qué os ha hecho el pobre Santillana para tratarle con tanta riguridad? Si sois hombres, ¡doleos de otro de vuestra especie, que jamás hizo mal a una mosca, ni tiene de que acusarse, sino de la mala vida que sus celos han dado a su mujer! Si sois religiosos, ¡baste la penitencia, pues no cae sobre culpa que yo sepa! Si sois demonios, decidme; ¿por qué pecados os permite Dios que me desolléis de esa suerte?

Menudeaba el padre disciplinante azotazos en esto, diciendo:

— ¿Todavía da en su tema? Pues veamos quién de los dos se cansa.

— ¡Ya lo estoy, padre de mi alma! — respondió el penitente por fuerza —. ¡Por la sangre de Jesucristo, que tenga lástima de mí!

— Pues ¿enmendaráse de aquí adelante?

— ¡Sí, padre mío, yo me enmendaré, aunque no sé de qué! — respondió.

— ¿Cómo que no sabe de qué?, — replicó. — ¡Miren qué gentil modo de conocer su culpa! ¡Aun no está como ha de estar! ¡Aguarde un poco!

Y diciéndole esto le taraceaba las espaldas.

— ¡Padre de mi corazón! — dijo entonces echándose en el suelo. — ¡Confieso que yo soy el más

das Kreuz! Ihr vermögt nichts gegen mich, denn ich bin aus alter christlicher Familie aus der Montaña und getauft und gesalbt! Weicht von mir, höllische Widersacher!»

Dieses und ähnliches Zeug schwatzte er daher – zur Qual der Umstehenden, die sich krampfhaft gegen ihre Lachlust zur Wehr setzen mußten. Der Abt gebot zwei Laienbrüdern, ihn festzuhalten, und sagte: «Dieser Mönch ist wahnsinnig, aber die Strafe wird ihn zur Vernunft bringen.» Damit verpaßten sie ihm quer über den Rücken eine Tracht Peitschenhiebe, daß er mehr violette Flecken davontrug, als Rom Kardinäle hat. Er schrie zum Gotterbarmen:

«Meine Herren oder Mönche oder Teufel oder was immer Ihr seid! Was hat euch der arme Santillana zuleide getan, daß ihr ihn so grausam behandelt? Wenn ihr Menschen seid, so habt Erbarmen mit einem Wesen eurer Gattung, das nie einer Mücke auch nur ein Bein gekrümmt hat und sich nichts vorzuwerfen hat, als seiner Frau wegen seiner Eifersucht das Leben verbittert zu haben. Wenn ihr Gottesmänner seid, so laßt es genug sein mit der Strafe, denn ich weiß nicht, was für eine Schuld sie tilgen soll! Wenn ihr Teufel seid, so sagt mir, welches meine Sünde ist, daß euch Gott gestattet, mich auf diese Weise zu schinden?»

Der Pater, der die Peitsche führte, schlug daraufhin nur noch schneller zu und sagte:

«Immer noch bei Ihrem Thema? Nun also, warten wir ab, wer von uns beiden müde wird!»

«Ich bin es schon, ehrwürdigster Vater!» antwortete der unfreiwillige Büßer, «beim Blut unseres Herrn Jesus Christus, haben Sie Erbarmen mit mir!»

«Werden Sie sich also von jetzt an bessern?»

«Ja, mein Vater, ich werde mich bessern, ich weiß nur nicht, worin», antwortete er.

«Was heißt, Sie wissen nicht worin?» erwiderte er. «Sieh einer an! Eine feine Art, seine Schuld anzuerkennen! Sie sind noch nicht so weit, wie Sie sollten. Warten Sie!»

Mit diesen Worten verbleute er ihm nochmals den Rücken.

«Hochverehrter Vater!» sagte er dann, sich ihm zu Füßen werfend, «ich bekenne, daß ich der schlechteste Mensch bin,

mal hombre que pisa la tierra; tenga misericordia de mis carnes, pues Dios la tiene de mi alma; que yo me enmendaré!

— ¿Sabe — le replicó — que es fraile, y que en los que lo son, las culpas veniales son de más escándalo que las mortales del seglar?

— ¡Sí, Padre — respondía —, fraile soy, aunque indigno!

— ¿Sabe la regla que profesa? — proseguía, y él también en responderle:

— Sí, Padre.

— ¿Qué regla es?

— ¡La que vuestra Paternidad fuese servido! No repare en reglas, aunque entre en la del gran Sofí.

— ¿Será desde aquí adelante humilde y cuidadoso en su oficio, padre Rebolledo?

— Seré Rebolledo — respondía —, y todo lo que quisieren.

— Pues bese los pies a ese religioso — dijo — maltratado por vuestra reverencia, y pídale venia.

— ¡Bésole los pies, padre mío — dijo (llorando de dolor más que de arrepentimiento) —, y pídole brevas, o lo que es esto que me mandan le pida!

Soltaron la risa todos entonces, que no pudieron sufrirla. Reprehendiólos el prelado, y diciéndoles:

— ¿De qué se ríen, padres, habiendo de llorar la pérdida del juicio de un fraile, el mejor que teníamos, y que ha servido quince años este monasterio con la mayor puntualidad que la Religión ha visto?

— ¿Quince años yo? — decía entre sí el pobre Santillana —. ¿Hay encantamento semejante en cuantos libros de caballerías desvanecen mocedades? ¡Alto! Pues tantos lo dicen, verdad debe de ser, aunque no sé el cómo; porque a no ser así, ¿qué les importaba a estos benditos el maltratarme y afirmallo?

— Véngase al coro con nosotros — le dijo el cuñado, que no conocía.

der auf dieser Erde einhergeht; haben Sie Mitleid mit meinem Fleisch, wie Gott sich meiner Seele erbarmt; ich will mich bessern!»

«Wissen Sie, daß Sie Mönch sind», erwiderte er, «und daß läßliche Sünden für Geistliche ein schlimmeres Ärgernis sind als Todsünden für Weltliche?»

«Ja, Vater», antwortete er, «Mönch bin ich, allerdings ein ganz unwürdiger!»

«Kennen Sie die Regel, der Sie verpflichtet sind?» fuhr er mit Fragen und der andere mit Antworten fort.

«Ja, Vater.»

«Wie heißt die Regel?»

«Wie Euer Hochwürden am besten gedient ist! Achten Sie nicht auf Regeln, nicht einmal auf die des Großen Sofí.»*

«Werden Sie von jetzt an demütig und sorgfältig Ihre Pflicht tun, Pater Rebolledo?»

«Ich werde Rebolledo sein», antwortete er, «und alles, was Sie wollen.»

«Küssen Sie Ihrem Mitbruder die Füße, den sie mißhandelt haben», sagte er, «und bitten Sie ihn um Vergebung.»

«Ich küsse ihm die Füße, mein Vater», sagte er weinend (mehr aus Schmerzen als aus Reue), «und bitte ihn um Feigen* oder was immer es sei, worum ich ihn bitten soll.»

Jetzt konnte keiner mehr an sich halten, und alle brachen in Gelächter aus, aber der Abt schalt sie:

«Worüber lachen Sie, Patres? Wir sollten weinen, daß ein Mitbruder den Verstand verloren hat, der beste, den wir hatten, der mehr als fünfzehn Jahre so treu dem Kloster gedient hat wie noch keiner in der Ordensgeschichte?»

«Fünfzehn Jahre, ich?» sagte der arme Santillana zu sich, «gibt es einen ähnlichen Fall von Sinnesverwirrung in sämtlichen Ritterromanen, in denen junge Leute verzaubert werden? Aber halt! Wenn so viele es sagen, muß es wohl wahr sein, auch wenn ich nicht weiß, wie es möglich ist; denn wenn es nicht so wäre, wozu sollten sie mich mißhandeln und es immer wieder behaupten?»

«Kommen Sie zum Chorgesang», gebot ihm der Schwager, den er nicht kannte.

Obedecióle el celoso por su daño. Comenzaron a cantar los maitines, y mandóle que entonase la primera antífona. Sabía él de música lo que de vainicas. Pero no osando replicar, temeroso de otra tunda, la cantó regañando, de suerte que prosiguiendo la risa de todo el coro, y no pudiéndola disimular, el superior le mandó llevar al cepo, donde le tuvo tres días tan fuera de sí, que faltó poco para no renunciar con el siglo el seso. Al cabo de ellos le sacaron, y mandó el prelado fuese con un compañero a pedir el pan de limosna que se acostumbra los sábados.

Diéronle su talega, y sin replicar palabra, como una oveja cumplió la obediencia. Llevóle de industria el que le acompañaba a la calle donde vivía su mujer; y reconociendo la casa, alentado y con nuevo espíritu, dijo entre sí: «¡Aquí de Dios! ¿Esta no es mi casa? ¿Yo no estoy casado con Hipólita? ¿Quién diablos me ha metido en frailías que no apetecí en mi vida? ¡Matrimonio me llamo!»

Entróse con esto en el portal, y hallando a su mujer allí, abrazándose con ella, comenzó a decir:

– ¡Esposa de mis ojos! ¡Castigo del Cielo fue el mío por la mala vida que te he dado! ¡Fraile me han hecho sin saber cómo o por qué; pero desde hoy más, buscarán talegueros, que yo matrimonio me llamo!

– ¿Qué descompostura es ésta? – dijo a voces la malcasada –. ¡Aquí de la vecindad, que este loco atrevido ofende mi honra!

Acudió el compañero y parte de los vecinos, que le desconocieron – por faltarle la longitud de la barba y estar en tan desusado traje, y tan macilento con las penitencias pasadas, que pudiera vender flaqueza a los Padres del Yermo – y le apartaron a empellones, diciéndole oprobios satíricos.

– ¡Déjenle vuesas mercedes! – acudió el com-

Der Eifersüchtige gehorchte ihm zu seinem Schaden. Die Matutin begann, und der Abt befahl ihm, die erste Antiphone anzustimmen. Von Musik verstand er so viel wie von Ziernähten. Aber er wagte nicht zu widersprechen aus lauter Angst vor einer weiteren Tracht Hiebe und brummte so mißmutig heraus, daß niemand im ganzen Chor das Lachen verbergen konnte. Darauf entschied der Abt, er komme für drei Tage in den Block, wo er dann so außer sich geriet, daß wenig gefehlt hätte, und der Verlust des weltlichen Lebens hätte ihn auch noch den Verstand gekostet. Er wurde also wieder herausgeholt, und der Abt schickte ihn mit einem anderen Mönch Almosen betteln, wie es im Kloster am Samstag Brauch ist. Er bekam seinen Bettelsack, und ohne ein Wort der Widerrede erfüllte er lammfromm seine Gehorsamspflicht. Absichtlich führte ihn sein Begleiter in die Straße, wo seine Frau wohnte; er erkannte sein Haus, schöpfte Mut und sagte mit frischer Kraft zu sich: «Hier, bei Gott! Ist das nicht mein Haus? Bin ich nicht mit Hipólita verheiratet? Wer in Teufelsnamen hat mich in eine Mönchskutte gesteckt, worauf ich meiner Lebtag keine Lust gehabt habe? Denn mein Name ist Ehestand!»

Mit solchen Selbstgesprächen trat er in den Hof, sah dort seine Frau und umarmte sie mit den Worten:

«Meine Gattin, mein Augapfel! Strafe des Himmels war es, weil ich dir das Leben versauert habe! Einen Mönch hat man aus mir gemacht, ohne daß ich weiß, wie und warum; aber von heute an sollen sie sich andere Almosenbettler suchen, denn mein Name ist Ehestand!»

«Was für ein loses Benehmen ist das?» rief die unglücklich Verheiratete laut, «Hilfe! Nachbarn, kommt her, dieser Verrückte beleidigt schamlos meine Ehre!»

Der Begleiter und einige Nachbarn eilten herbei und stießen ihn unter beißenden Schmähreden weg – niemand hatte ihn erkannt, denn ihm fehlte der lange Bart, er trug die ungewohnte Mönchskutte, und von den ausgestandenen Züchtigungen war er so geschwächt und bleich, daß die Wüstenväter bei ihm hätten Dürre kaufen können.

«Lassen Sie ihn ruhig los!» beschwichtigte der Begleiter,

pañero –; y no se espanten de lo que hace, que
ha estado el pobre seis meses loco, y su tema
principal es decir a cualquier mujer que ve que es
su esposa. Hémosle tenido en una cadena; y habiendo, más ha de dos meses, que mostraba tener
salud, a falta de frailes, que han ido a predicar por
las aldeas esta Cuaresma, me mandaron le trajese
conmigo a pedir hoy la limosna, bien contra mi
voluntad.

Diéronle todos crédito, lastimados de su desgracia; que cuanto más gritaba afirmando era el marido
de Hipólita, más la acreditaba. Lleváronle medio
loco de veras, y en son de atado, a su convento.
Volviéronle a disciplinar y meter en el cepo, donde
después que purgó más de otro mes los malos días
que había dado a su mujer, al cabo dellos y a la
medianoche le despertó una voz desde el tejado que
estaba sobre la prisión, y decía en tono triste y
sonoroso:

Hipólita está inocente.
de tus maliciosos celos,
y así te han hecho los cielos
de ese cepo penitente.
Por necio y impertinente,
en ti su venganza funda
el que te ha dado esa tunda;
por eso, si sales fuera,
escarmienta en la primera,
y no aguardes la segunda.

Repitió esto tres veces la fúnebre voz, y él, pues-
tas las manos, llorando, con la mayor devoción que
pudo, respondió:

– ¡Oráculo divino o humano, quienquiera que
seas, sácame de aquí; que yo prometo verdadera
enmienda!

Diéronle después de esto de cenar, y la bebida fue
de vino, que no lo había probado desde el día pri-

«erschrecken Sie nicht über dem, was er tut! Der Arme war sechs Monate lang wahnsinnig; seine Eigenheit ist es, zu jeder Frau, die er sieht, zu sagen, sie sei seine Gattin. Wir mußten ihn anketten; da er sich seit gut zwei Monaten vernünftig beträgt und wir zu wenige Mönche zum Almosenbetteln haben – jetzt in der Fastenzeit sind viele zum Predigen in den Dörfern –, bin ich angewiesen worden, ihn heute mitzunehmen – allerdings ganz gegen meinen Willen.»

Alle schenkten ihm Glauben und zeigten Mitleid mit dem Unglücklichen, denn je lauter dieser schrie und je hartnäckiger er beteuerte, Hipólita sei seine Gattin, desto augenfälliger bezeugte er seine Krankheit. In der Tat mußte man ihn halb wahnsinnig und mit gebundenen Händen wieder ins Kloster zurückbringen. Wieder wurde er gezüchtigt, wieder kam er in den Block, wo er mehr als einen Monat lang für die qualvollen Tage büßte, die er seiner Frau bereitet hatte, bis er eines Nachts von einer wohlklingenen Stimme geweckt wurde, die vom Dach über seiner Gefängniszelle zu mitternächtlicher Stunde in klagenden Tönen folgende Weise sang:

Schuldlos ist Hipólita
an deiner bösen Eifersucht,
darum will der Himmel nun,
daß du sühnest in dem Block.
Dumm bist du und unverschämt,
Vergeltung übt deshalb an dir,
der deine Züchtigung befahl.
Darum: Bist du wieder frei,
lerne aus dem ersten Mal,
und schwöre ab der Niedertracht.

Die gespenstische Stimme wiederholte dreimal das traurige Lied, er faltete die Hände und antwortete unter Tränen, so demütig er nur konnte:

«Weissagung aus Gottes- oder Menschenmund! Wer du auch seist, hole mich hier heraus, ich verspreche wahre und ernste Besserung!»

Darauf bekam er zu essen und Wein zum Trinken, den er seit dem Tage seiner Verwandlung nie mehr gekostet hatte –

mero de su transformación – penitencia más áspera para él que todas la demás –. Bebiólo, y con él dos veces más cantidad de los mismos polvos que primero. Durmióse como antes. Habíale crecido el cabello y barba suficientemente; afeitáronle, dejándole lo uno y lo otro en la disposición antigua; y llevándole en otro coche a su casa, se despidió el religioso, médico de celos, de su hermana, con esperanza de que cuando despertase, hallaría sano a su marido y enmendado. Púsole los vestidos seglares sobre un arca cerca de su cabecera, acostóse a su lado, acabó el sueño junto con la operación de los polvos, al amanecer, por haberlos él tomado a las diez de la noche; despertó, en fin, y creyendo hallarse en el cepo, vio que estaba en la cama y a escuras. No lo acababa de creer. Tentó si eran colchones aquellos o madera, y topó a su mujer a su lado. Imaginó que era algún espíritu que proseguía en tentarle, dio voces y ensartó letanías. Estaba velando Hipólita, y aguardando el fin de aquel suceso; fingió que despertaba, y dijo:

– ¿Qué es esto, marido mío? ¿Qué tenéis? ¿Haos dado, como suele, el mal de ijada?

– ¿Quién eres tú, que me lo preguntas? – dijo despavorido el ya sano celoso –; que yo no tengo mal de ijada, sino mal de frailía.

– ¿Quién ha de ser la que duerme con vos – respondió –, sino vuestra mujer Hipólita?

– ¡Jesús sea conmigo! – replicó él –. ¿Cómo entraste en el convento, mujer de mi vida? ¿No ves que estás descomulgada, y que si lo sabe nuestro mayoral o superior te acanelonará las espaldas, dejándotelas como ruedas de salmón?

– ¿Qué convento o qué chanzas son ésas, Santillana? – respondió ella –. ¿Dormís todavía, o qué locura es ésta?

– ¿Luego no soy fraile de quince años ha – preguntó él – y entonador de antífonas?

eine härtere Strafe für ihn als alle übrigen. Er trank ihn und damit die doppelte Menge Schlafpulver wie das erstemal. Er schlief so rasch und tief ein wie damals. Sein Haupthaar und sein Bart waren schon wieder ziemlich gewachsen; man schnitt und kämmte beides so, wie er es immer gewohnt gewesen war. In einem andern Wagen wurde er nach Hause gefahren, der Mönch, der seine Eifersucht heilen sollte, verabschiedete sich von seiner Schwester und gab ihr Hoffnung, ihren Gatten beim Aufwachen gesund und frei von seinem Laster zu finden. Sie legte seine weltlichen Kleider auf eine Truhe neben dem Bett und schmiegte sich an seine Seite. Gegen Morgen erlosch die Wirkung des Pulvers, das er um zehn Uhr eingenommen hatte, und er erwachte – in der Meinung, er stecke noch im Block. Im Dunkeln stellte er fest, daß er im Bett lag. Er konnte es nicht glauben, tastete um sich, ob er auf einer Matratze oder auf einem Brett liege, berührte seine Frau neben sich, meinte, es handle sich um ein Gespenst, das ihn wieder auf die Probe stellen wolle, schrie auf und rief Gott und alle Heiligen um Beistand an. Hipólita war wach und wartete erst einmal das Ende der Ereignisse ab; dann tat sie, als wache sie auf und sagte:

«Was ist, mein Gemahl? Was habt Ihr? Tut Euch wieder einmal die Leiste weh?»

«Wer bist du, mich das zu fragen?» erkundigte sich voller Angst der von der Eifersucht Geheilte, «mir tut nicht die Leiste weh, sondern das Mönchsleben.»

«Wer soll es denn sein, die an Eurer Seite schläft», antwortete sie, «außer Eurer Gattin Hipólita?»

«Jesus, stehe mir bei!» erwiderte er. «Wie bist du ins Kloster hereingekommen, Frau meines Lebens? Weißt du nicht, daß du dich aus der Kirche ausschließt? Und wenn das unser Oberknecht oder Superior erfährt, läßt er dich auspeitschen, bis dein Rücken aussieht wie eine Scheibe Lachs!»

«Was faselt Ihr da von Kloster und derben Possen, Santillana?» antwortete sie, «Schlaft Ihr noch, oder seid Ihr verrückt?»

«Bin ich denn nicht seit fünfzehn Jahren Mönch und Vorsänger der Antiphonen?» fragte er.

– Yo no sé lo que os decís con esos latines – replicó ella –. Levantaos, que es mediodía, si habéis de traer que comamos.

Más asombrado que nunca, se tentó la barba, y hallóla cumplida y la cabeza descoronada. Mandó abrir la ventana, y se vio en su cama y aposento, los vestidos a su lado, sin rastro de cepo ni de hábitos. Pidió un espejo, y vió otra cara diferente de la que los días pasados le enseñó el de la sacristía. Hacíase cruces, acabando de creer el oráculo coplista. Preguntábale disimulada su mujer que de dónde procedían aquellos espantos.

Contóselo todo, concluyendo en que debía de haberlo soñado aquella noche, y Dios le debía de mandar se enmendase y tuviese la satisfacción que era justo de su mujer. Apoyó ella esta quimera diciendo que había prometido nueve misas a las Animas si le alumbraba a su marido el entendimiento; y que si no, había determinado echarse en el pozo.

– ¡No lo permita el cielo, Hipólita de las Hipólitas! – respondió él.

Pidióle perdón, jurando no creer aun lo que viese por sus mismos ojos de allí adelante; con que dándola libertad para salir de casa hubo de ir con las otras dos amigas a la del conde, alegando cada una su burla, quedando tan satisfecho él de todas, que por no no agraviar a ninguna, les dijo:

– El diamante, ocasión de sutilizar, señoras, vuestros ingenios, se me había perdido a mí el día de su hallazgo; él vale doscientos escudos; cincuenta prometí de añadidura a la vencedora; pero todas merecéis la corona de sutiles en el mundo; y así, ya que no puedo premiaros como merecéis, doy a cada una estos trescientos escudos que tengo por los más bien empleados de cuantos me han granjeado amigos, y quedaré yo muy satisfecho si os servís de esta casa como vuestra.

«Ich weiß nicht, was Ihr mit diesen lateinischen Sprüchen sagen wollt», antwortete sie, «steht auf, es ist schon Mittag, und Ihr müßt uns etwas zum Essen besorgen.»

Verwunderter denn je griff er sich an den Bart und fand ihn dicht und seinen Kopf ohne Tonsur. Er bat, daß man das Fenster öffne, und sah sich in seinem Bett und Schlafzimmer, die Kleider lagen neben ihm bereit, er fand keine Spur von Block und Mönchskutte. Er verlangte einen Spiegel und erblickte ein ganz anderes Gesicht als das, welches ihm in den vergangenen Tagen der in der Sakristei gezeigt hatte. Er bekreuzigte sich und glaubte schließlich, die Vorhersage des Liedes habe sich erfüllt. Mit gespielter Ahnungslosigkeit fragte ihn seine Frau, warum er denn so entsetzt sei. Er erzählte ihr alles und sagte zum Schluß, er müsse wohl das alles in der letzten Nacht geträumt haben und Gott wolle ihn ermahnen, sich zu bessern und seiner Frau gegenüber die Zufriedenheit zu zeigen, die sie verdiene. Sie stützte seine Wahnvorstellung, indem sie sagte, sie habe versprochen, für die Armen Seelen neun Messen zu stiften, wenn ihr Mann seine Verblendung erkenne; andernfalls habe sie beschlossen, sich in den Brunnenschacht zu stürzen.

«Da sei Gott vor, Hipólita, beste Hipólita!» antwortete er.

Er bat sie um Verzeihung und schwor, er könne immer noch nicht glauben, was er mit eigenen Augen sehe; damit erlaubte er ihr, aus dem Hause zu gehen; sie mußte sich ja mit ihren beiden Freundinnen zum Grafen begeben, wo jede ihren Streich erzählte. Der Graf war so befriedigt davon, daß er keine der Frauen kränken wollte. Er sagte:

«Der Diamant, meine Damen, an dem Ihr Euren Scharfsinn feilen solltet, ist an dem Tage verloren gegangen, da er gefunden wurde. Er war zweihundert Goldtaler wert, fünfzig versprach ich für die Siegerin hinzuzufügen, doch ihr verdient alle drei als die scharfsinnigsten Frauen der Welt gekrönt zu werden. Weil ich euch nun nicht so auszeichnen kann, wie ihr verdientet, schenke ich jeder dreihundert Goldtaler; besser habe ich noch nie Taler angelegt, um Freunde zu gewinnen; ich werde mich glücklich schätzen, wenn ihr künftig mein Haus als das eure betrachtet.»

Encarecieron todas su liberalidad, y volviéndose más amigas que antes, hallaron al cajero vuelto ya de su viaje y olvidada su burla; al pintor, que había vendido su casa y comprado otra por evitar bellaquerías de duendes, y a Santillana tan satisfecho y enmendado de sus celos, que desde allí adelante veneró a su mujer como a merecedora de oráculos protectores de su buena vida.

Alle priesen seine Freigebigkeit, und die Freundschaft der drei Frauen wurde noch enger als vorher; der Zahlmeister war von seiner Reise zurück, und der Streich war vergessen; der Maler hatte sein Haus verkauft und ein anderes erworben, um vor Schelmenstreichen und Poltergeistern sicher zu sein; Santillana war seine Eifersucht los und fühlte sich so erleichtert, daß er fortan seine Frau verehrte, wie es ihr als kluger Treuhänderin seines Lebensglücks gebührte.

Tiene la mentida Fortuna muchos quejosos y ningún agradecido. Llega este descontento hasta las bestias, pero ¿a quién mejor? El más quejoso de todos es el más simple. Ibase éste quejando de corrillo en corrillo, y hallaba, no sólo compasión, pero aplauso, especialmente en el vulgo.

Un día, pues, aconsejado de muchos y acompañado de ninguno, dicen que se presentó en la audiencia general del soberano Júpiter; aquí, profundamente humilde, que le es de agradecer a un necio, y otorgada la inestimable licencia de ser escuchado, pronunció mal esta peor trazada arenga: «Integérrimo Júpiter, que justiciero y no vengador te deseo: aquí tienes, ante tu majestuosa presencia, el más infeliz, sobre ignorante, de los brutos, solicitando, no tanto la venganza de mis agravios, cuanto el remedio de mis desdichas. ¿Cómo pasa, oh Numen eterno, tu entereza por la impiedad de la Fortuna, sólo para mí ciega, tirana, y aun madrastra, ya que me hizo el más simple de los animales, que es decir cuanto se puede? ¿Por qué esta cruel, a tanta carga, ha de añadir la sobrecarga de desdichado, violando el uso y atropellando la costumbre? Me hace ser necio y vivir descontento. Persigue la inocencia y favorece la malicia; el soberbio León triunfa; el Tigre cruel vive; la Vulpeja, que a todos engaña, de todos se ríe; el voraz Lobo pasa; yo solo, que a ninguno hago mal, de todos le recibo. Como poco, trabajo mucho; nada del pan, todo del palo. Tráeme desaliñado, y yo, que me soy feo, no puedo parecer entre gentes y sirvo de acarrear villanos, que es lo que más siento.»

Baltasar Gracián
*Die Kunst, glücklich zu sein*
Fabel

Viele Ankläger hat die trügerische Göttin Fortuna, niemand
ist ihr dankbar. Der Unmut über sie erfaßt selbst die Tiere,
doch wen denn noch eher als sie? Das lauteste Zetergeschrei
hebt der Allereinfältigste an. Dieser ging nämlich mit seinem
Gejammer von einer Gruppe zur andern und fand überall
Mitleid, ja sogar Beifall, vor allem beim gemeinen Volk.

Eines Tages nun, so wird berichtet, erschien er auf vielsei-
tigen Rat hin, aber ohne jegliche Begleitung, in der General-
audienz des erhabenen Jupiter; nachdem ihm die unschätz-
bare Gunst, angehört zu werden, gewährt war, stammelte er
folgende mangelhaft gebaute Brandrede in tiefster Demut
daher, was bei einem Dummkopf immerhin anerkennens-
wert ist: «Allerweisester Jupiter, Gerechtigkeit wünsche ich
von Dir, nicht Rache. Hier steht vor Deiner Majestät das
allerunglücklichste, nicht nur das dümmste der Tiere. Ich
flehe nicht um Vergeltung für erlittenes Unrecht, sondern
um Abhilfe für mein Unglück. Wie entgeht Dir, o ewiger
Gott, Fortunas Ruchlosigkeit, die, blind und selbstherrlich,
nur mich als Stiefkind behandelt, denn sie hat aus mir das
dümmste aller Tiere gemacht, und Schlimmeres kann man
wohl nicht sagen? Warum muß die grausame Göttin auf
diese Last zusätzlich noch das Unglück laden und so alles
Maß sprengen und gegen Sitten und Gebräuche verstoßen?
Sie macht mich dumm und unzufrieden mit meinem Leben.
Sie verfolgt die Unschuld und belohnt die Bosheit; der herri-
sche Löwe triumphiert; der grausame Tiger lebt weiter; der
Fuchs hintergeht alle und verlacht sie noch dazu; der gefräßige
Wolf kommt durch; ich allein tue niemandem Böses und
erfahre es von allen. Ich fresse wenig und arbeite viel; kaum
Brot und nichts als Schläge. Das bringt mich ganz durcheinan-
der, und da ich auch noch häßlich bin, kann ich mich nicht
unter den Leuten zeigen, und ich bin nur dazu gut, gemeines
Volk zu karren, und das schmerzt mich am allermeisten.»

Conmovió grandemente esta lastimosa proclamación a todos los circunstantes; sólo Júpiter severo, que no se inmuta así vulgarmente, alargó la mano sobre que había estado, no tanto recodado, cuanto reservando para la otra parte aquel oído, hizo ademán que llamasen, para dar su descargo, a la Fortuna.

Partieron en busca della muchos soldados, estudiantes y pretendientes. Anduvieron por muchas partes y en ninguna la hallaban; preguntaban a unos y a otros, y ninguno sabía dar razón. Entraron en la casa del poderoso Mando, y era tanta la confusión y la priesa con que todos, sin discurrir, se movían, que no hallaron quien les respondiese, ni aun les escuchase, aunque toparon con muchos. Discurrieron ellos que sin duda no debía de estar entre tanto desasosiego, y no se engañaron. Pasaron a la casa de la Riqueza, y aquí les dijo el Cuidado que había estado, pero muy de paso, no más de para encomendar algunos haces de espinas y unos talegones de leznas. Entraron en la quinta de la Hermosura, que está muy cerca del sexto, para pagarlo por las setenas; toparon con la Necedad, y sin preguntar más, pasaron a la de la Sabiduría; respondióles la Pobreza que tampoco estaba allí, pero que de día en día la aguardaban.

Sola les quedaba ya otra casa que estaba sola a la derecha acera. Llamaron, por estar muy cerrada, y salió a respondelles una tan hermosa doncella, que creyeron ser alguna de las tres Gracias, y así le preguntaron cuál era; respondió con notable agrado que era la Virtud. En esto salía ya de allá dentro, y de lo más interior, la Fortuna, muy risueña; intimáronla el mandato y obedeció ella como suele, volando a ciegas.

Llegó muy reverente al sacro trono, y todos los del cortejo la hicieron muchas cortesías, y aun zalemas, por recambiarlas.

Diese mitleiderregende Erklärung rührte alle Umstehenden zutiefst; nur Jupiter blieb unbewegt, denn so leichthin läßt er sich nicht anfechten; er streckte die Hand aus, auf die er sich nicht eigentlich gestützt hatte, vielmehr schien es, er wolle damit der Gegenpartei sein Ohr leihen, und mit einem Wink gab er Auftrag, die Glücksgöttin herbeizuholen, damit sie sich rechtfertige.

Sogleich machten sich viele Soldaten, Studenten und weitere Glücksritter auf die Suche nach ihr. Sie kamen an viele Orte, fanden sie aber nirgends; sie fragten da und dort, aber Auskunft konnte niemand geben. Sie betraten das Haus des großen Machthabers, aber da herrschte solche Rastlosigkeit, daß alles wortlos durcheinander hastete; niemand antwortete ihnen, ja, sie fanden nicht einmal jemanden, der ihnen zuhörte, obwohl sie mit vielen zusammenstießen. Sie sagten zueinander, daß Fortuna sich in einer solchen gehetzten Umgebung sicher nicht aufhalte, und sie täuschten sich nicht. Sie gingen also weiter zum Haus des Reichtums; da sagte ihnen Frau Sorge, sie sei wohl da gewesen, aber nur ganz schnell, nur, um einige Büschel Dornen und ein paar Säcke voll Ahlen zum Aufbewahren da zu lassen. Sie kamen zur Herberge* der Schönheit, welche dem sechsten Gebot sehr nahe steht und wo siebenfache Strafe zu bezahlen ist; sie begegneten der Dummheit, und ohne weiter zu fragen, gelangten sie zum Sitz der Weisheit; die Armut antwortete ihnen, daß sie auch da nicht sei, aber von Tag zu Tag erwartet werde.

Es blieb nur noch ein Haus übrig, das ganz allein auf der rechten Straßenseite stand, und da es fest verschlossen war, klopften sie an. Es öffnete ein so schönes Mädchen, daß sie glaubten, sie müsse eine der drei Grazien sein, und so fragten sie, welche sie sei. Mit sichtlichem Wohlgefallen antwortete sie, sie sei die Tugend. In diesem Augenblick kam aus dem hintersten Winkel die Göttin Fortuna heraus, und sie wirkte sehr heiter. Sie überbrachten ihr den Auftrag, und wie üblich gehorchte sie, indem sie blindlings davonflog.

Sehr ehrerbietig trat sie vor den göttlichen Thron, und der ganze Hofstaat empfing sie mit großer Zuvorkommenheit, ja Schmeichelei, um gleiches von ihr zurückzuerhalten.

«¿Qué es esto, oh Fortuna – dijo Júpiter –, que cada día han de subir a mí las quejas de tu proceder? Bien veo cuán dificultoso es el asunto de contentar, cuanto más a muchos, y a todos imposible. También me consta que a los más les va mal porque les va bien, y en lugar de agradecer lo mucho que les sobra, se quejan de cualquier poco que les falte. Es abuso entre los hombres nunca poner los ojos en el saco de las desdichas de los otros, sino en el de las felicidades, y al contrario en sí mismos; miran el lucimiento del oro de una corona, pero no el peso o el pesar. Por el tanto, yo nunca hago caso de sus quejas, hasta ahora: que las deste, de todas maneras infeliz traen alguna apariencia.»

Miróselo la Fortuna de reojo; iba a sonreírse, pero, advirtiendo dónde estaba, mesuróse, y muy caricompuesta, dijo: «Supremo Júpiter: Una palabra sola quiero que sea mi descargo, y sea ésta: si él es un asno ¿de quién se queja?»

Fue muy reída de todos la respuesta, y del mismo Jove aplaudida, y en confirmación della y enseñanza del necio acusador, más que consuelo, le dijo: «Infeliz bruto, nunca vos fuéradeis tan desgraciado si fuéradeis más avisado. Andad, y procurad ser de hoy en adelante despierto como el León, prudente como el Elefante, astuto como la Vulpeja y cauto como el Lobo. Disponed bien los medios y conseguiréis vuestros intentos; y desengáñense todos los mortales – dijo alzando la voz –, que no hay más dicha ni más desdicha que prudencia o imprudencia.»

«Was bedeutet das, Fortuna», sagte Jupiter, «daß Tag für Tag Klagen über dein Benehmen bis zu mir dringen? Wohl weiß ich, wie schwierig die Aufgabe ist, jemanden zufrieden zu stellen, noch schwieriger viele, gänzlich unmöglich alle. Ebenfalls ist mir klar, daß es den meisten schlecht geht, weil es ihnen gut geht, und statt dankbar zu sein für das Viele, das sie im Überfluß haben, jammern sie über irgend etwas Weniges, das ihnen fehlt. Es herrscht die Unsitte bei den Menschen, daß sie ihre Augen nie in den Sack fremden Unglücks stecken, sondern immer nur in den fremden Glücks, und bei sich selbst machen sie es umgekehrt; sie sehen den Glanz einer goldenen Krone, aber nicht deren Gewicht und Last. Deshalb habe ich nie auf ihr Gejammer geachtet – bis heute: die Klagen dieses in jeder Hinsicht unglücklichen Geschöpfes scheinen nämlich irgendwie berechtigt.»

Fortuna schaute sich den Esel von oben herab an; sie wollte lächeln, besann sich aber darauf, vor wem sie stand, faßte sich und sagte mit ruhigernster Miene: «Erhabener Jupiter! Ein einziges Wort will ich zu meiner Entlastung erwidern, nämlich: wenn er doch ein Esel ist, über wen beklagt er sich denn?»

Alle lachten laut über diese Antwort, und selbst Jupiter nahm sie beifällig auf. Zum Nachdruck und dem törichten Ankläger mehr zur Belehrung als zum Trost sagte er zu ihm: «Armes Tier, du wärst niemals so unglücklich, wenn du nicht so unklug wärst. Geh, und bemüh dich von heute an! Sei wachsam wie der Löwe, vorsichtig wie der Elefant, schlau wie der Fuchs und umsichtig wie der Wolf. Setz deine Mittel gut ein, und du wirst deine Ziele erreichen; und keiner der Sterblichen soll sich täuschen lassen», sagte er nun mit lauter Stimme, «es gibt nur so viel Glück, wie es Klugheit, und so viel Unglück, wie es Unklugheit gibt.»

Anmerkungen der Übersetzerin

Seite 78: Hier hat der Übersetzer ein spanisches Wortspiel mit einem deutschen wiederzugeben versucht. Die wörtliche Übersetzung ist jedem Leser möglich. (Dieser Hinweis gilt auch für andere Fälle, die nicht eigens bezeichnet sind.)

Seite 107. Argollaspiel: Eine Art Krocket, bei dem Holzkugeln mit konkaven Stöcken durch einen im Boden befestigten Eisenring (= Argolla) geschlagen werden.

Seite 145. Diego Morales: Die Anspielung auf die Bedeutung von ‹el moral› ‹los morales› (= Brombeerstrauch) ist unübersetzbar.

Seite 169. Sofí: Der Perserkönig Ismael Sofí (oder Sefevi) war als Feind der Türken in Spanien allgemein bekannt.

Seite 169. Die Lautähnlichkeit ‹venia›/‹breva› ist unübersetzbar.

Seite 183. Die Doppelbedeutung von ‹Quinta› = ‹Herberge› und ‹Fünfte› (hier: das Fünfte Gebot) ist unübersetzbar.

## Die kurze Erzählung im Goldenen Zeitalter

1575 war für die spanische Literatur ein wichtiges Jahr: damals erschien die erste gedruckte Ausgabe des «Libro de los enxiemplos del Conde Lucanor et de Petronio» des Infanten Don Juan Manuel (1282–1345); es ist das Meisterwerk der mittelalterlichen spanischen Erzählkunst und besteht aus einundfünfzig kurzen Lehrbeispielen, die in der Art arabischer Geschichtensammlungen in eine Rahmenhandlung eingebaut sind. Diese Wiedergewinnung des alten Buches hätte eigentlich große Auswirkungen haben sollen, und zu erwarten gewesen wäre ein sichtbares Anknüpfen und Weiterentwickeln. Dem war aber nicht so, obwohl fast zur gleichen Zeit, sogar einige Jahre früher, von Juan de Timoneda «El patrañuelo» (1567) erschienen war, ein in der Art ähnliches modernes, aber literarisch weniger bedeutsames Werk. Trotzdem war die Veröffentlichung dieser beiden Werke nicht ganz umsonst, denn Spuren des «Conde Lucanor» finden sich im «Retablo de las maravillas» von Cervantes und andern Autoren, und noch siebzig Jahre nach seinem gedruckten Erscheinen rühmt Baltasar Gracián den «Conde Lucanor» als «meisterliches und unterhaltsames Buch, würdig der delphischen Bibliothek» und «immer angenehm, auch nach siebenmaligem Lesen».

Man kann sagen, daß die kurze Erzählung im Goldenen Zeitalter untertaucht; sie ist schwer zu finden, denn nirgends ist sie an der Oberfläche zu sehen, und dies, obwohl damals das Erzählen, das Gut-Erzählen, zu den Fähigkeiten gehörte, die einen Mann von Stand auszeichneten, wie es im «Galateo español» (1593) von Lucas Gracián Dantisco ausdrücklich gefordert wird. Aber gerade der besondere Reiz und der Zauber des mündlichen Erzählens, sowie die Kürze der Geschichten, verhinderten, daß sie als selbständige und eigenständige Gattung gepflegt wurden. Sie wurden zu einem bloßen Bestandteil – aus den gleichen Gründen allerdings zu einem bedeutsamen – in umfangreichen epischen Werken, wie zum Bei-

spiel dem «Don Quijote» und «Persiles y Segismunda» von Cervantes, dem falschen «Don Quijote» von Avellaneda, dem «Guzmán de Alfarache» von Mateo Alemán, den «Cigarrales de Toledo» von Tirso de Molina und vielen andern. In diesen bis zu tausend Seiten langen Werken taucht auf einmal eine Person auf, die eine Geschichte erzählt; das mündliche Einsprengsel unterbricht den allgemeinen Handlungsablauf, die unvermutete Episode wirkt überraschend und erregt bei den Gestalten des Buches und auch beim Leser Bewunderung. Der Hauch frischen Lebens und geistreicher Kurzweil lockert das durchkomponierte lange Werk wohltuend auf, die eingestreuten kurzen Geschichten gestatten dem Leser Erholung und vergnügliche Abwechslung innerhalb des allgemeinen Erzählflusses.

Somit bietet das Goldene Zeitalter trotz dem Fehlen eigentlicher Geschichtensammlungen eine Fülle kostbarer kurzer Erzählungen in einer Vielzahl umfangreicher Werke – eine Schatztruhe, die von Forschern und Herausgebern noch lange nicht erschöpfend ausgewertet ist. Erwähnt seien aber immerhin noch die sogenannten «Pliegos sueltos» (fliegende Blätter), womit literarische Kleinformen verbreitet wurden, die für ein breites Publikum bestimmt waren, vor allem Romanzen, aber auch Anekdoten, Legenden, Abenteuergeschichten; sie hießen so, weil sie auf einem einzigen (gefalteten) Druckbogen auf Jahrmärkten usw. feilgeboten wurden. Als Beispiel solch volkstümlicher Kurzerzählungen sei «Cómo un rústico labrador engañó a unos mercaderes» (wie ein Bauer einige Händler betrog) wenigstens genannt.

*Einige Hinweise zu den ausgewählten Erzählungen*

In die Linie der volkstümlichen Erzählungen gehört in gewissem Sinne der anonyme «Abencerraje», obwohl diese Geschichte als Teil einer umfangreichen Chronik überliefert ist. Es gibt mehrere Fassungen davon: die älteste «Chronica» erschien 1561; eine weitere ohne Jahresangabe war «Parte de la Crónica del ínclito infante don Fernando que ganó Antequera en la qual trata cómo se casaron a hurto el Abencer-

raxe Abindarráez con la linda Xarifa» (Teil der Chronik des berühmten Infanten Don Fernando, des Eroberers von Antequera, worin berichtet wird, wie der Abencerraje Abindarráez heimlich die schöne Jarifa heiratete); die damals verbreitetste findet sich als Episode im Schäferroman «Diana» von Jorge de Montemayor (seit 1562); aber zweifellos die schönste und vollkommenste veröffentlichte Antonio de Villegas in seinem Sammelband «Inventario» (1565). In der Einleitung zu seiner Fassung bezeichnet Antonio de Villegas den Abencerraje als «ein lebendes Bildnis der Tugend, Großmut, Tapferkeit, Vornehmheit und Treue». Alle Hauptpersonen des Werkes sind mit diesen hohen Vorzügen ausgestattet und werden uns als Vorbilder gezeigt. In dieser Hinsicht steht der «Abencerraje» in der Linie der mittelalterlichen «Enxiemplos» (Mustererzählungen), deren Höhepunkt, wie schon erwähnt, das «Libro de los enxiemplos del Conde Lucanor et de Petronio» des Infanten Don Juan Manuel bildet. Einige jener «enxiemplos» haben denn auch einen historischen Hintergrund. Der «Abencerraje» kreist um die Gestalt des Rodrigo de Narváez, einer historischen Persönlichkeit, von der schon Hernando del Pulgar in «Los claros varones de España» (berühmte Männer Spaniens, 1500) ein Porträt zeichnete. Die Geschichtlichkeit der Erzählung wird durch die Tatsache untermauert, daß zwei der frühesten Fassungen im 16. Jahrhundert als «Chroniken» erschienen. Aber sind solche Chroniken tatsächlich geschichtlich? Ich glaube es nicht. Sie gaben sich diesen Anschein, um zu verbürgen, daß im Klima der Grenzgefechte zwischen Christen und Musulmanen, die mit der Eroberung von Granada 1492 ihren Abschluß fanden, vorbildliches Verhalten tatsächlich vorkam oder mindestens möglich war. Dieser jahrhundertelange Kriegszustand hatte schon die Stoffe für die sogenannten «Romances fronterizos» geliefert, die «Grenzromanzen», die seit dem 14. Jahrhundert nachgewiesen sind. Darin wird wie im «Abencerraje» das Leben in den Grenzgebieten dichterisch gestaltet: Kampf, Heldenmut, Rittertugend, Liebe, ganz besonders aber die verfeinerte Lebensart und die Prachtentfaltung des musulmanischen Andalusien. So überträgt der

«Abencerraje» eigentlich ein Ereignis in die Prosaerzählung, wie es die «Romances fronterizos» ganz ähnlich behandeln. Man könnte also den «Abencerraje» als eine Art Prosafassung einer oder mehrerer Grenzromanzen bezeichnen. Aber auch wenn der «Abencerraje» von der Atmosphäre der Grenzkriege lebt, dürfen darob die Elemente der «Novela sentimental» (Liebesroman) nicht übersehen werden; deren Hauptwerk ist «Cárcel de amor» (Liebeskerker, 1492) von Diego de San Pedro: die Hindernisse, die das Liebespaar überwinden muß, und der Briefwechsel am Schluß des «Abencerraje» sind typische Merkmale der «Novela sentimental». Schließlich gilt es auch auf den, wenn auch nicht klar faßbaren, Einfluß der italienischen «Novella» hinzuweisen, denn schon 1494 erschien eine gedruckte spanische Ausgabe des «Decamerone» von Boccaccio mit dem Titel «Cien novelas» (Hundert Novellen). – Der «Abencerraje» ist also ein freies Geflecht verschiedenster Fäden, das den Leser durch seine wirklichkeitsnahe Natürlichkeit und Geschlossenheit unmittelbar in Bann zieht. Es verwundert darum nicht, daß die Erzählung dank ihrer einzigartigen Vorzüge zur Nachahmung ermunterte und daraus die Gattung der «Novela morisca» (Moriskenroman) entstand, welche mit dem Meisterwerk «Historia de los bandos de Zegrís y Abencerrajes» (1595) von Ginés Pérez de Hita ihren Höhepunkt erreichte. In späteren Jahrhunderten erstand der Moriskenroman im Ausland nochmals neu, z. B. in «Les aventures du dernier Abencérage» (1826) von Chateaubriand oder «The Alhambra» (1832) von Washington Irving. Der «Abencerraje» ist also mehr als nur ein besonders köstliches kleines Werk: er schuf eine literarische Gattung und öffnete darüber hinaus den Weg nach Granada, der Stadt, welche zum Symbol der maurischen Wunderwelt geworden ist.

Fast vierzig Jahre nach dem «Abencerraje» finden wir wieder eine reizvolle Moriskengeschichte, die von einem Liebespaar in Gefangenschaft handelt: «Historia de los dos enamorados Ozmín y Daraja» (die Geschichte des Liebespaares Osmin und Daraja) im umfangreichen Schelmenroman «Guzmán de

Alfarache» (1599–1603) von Mateo Alemán. Darin sind noch eine Reihe weiterer kurzer Erzählungen unterschiedlichster Art eingestreut, von der schon genannten Moriskenge- schichte über historische Begebenheiten bis hin zu Allego- rien aus der griechisch-römischen Mythologie. Diese letzte- ren sind wohl Alemáns persönlichster und selbständigster Beitrag zur kurzen Erzählform. Wegen ihrer gekonnten Ver- flechtung mit dem Haupterzählstrang des Romans und we- gen dessen neuen richtungsweisenden Sinngehaltes lobte sie Gracián viele Jahre später in seiner «Agudeza y arte de in- genio» (1646) als Modelle der Erzählkunst und ahmte sie selbst in seinen Hauptwerken «El Discreto» (1646) und «El Criticón» (1651–57) nach. Diese Art zu erfinden und er- dichten, die von Lukian von Samosata (ca. 120–180 n. Chr.) herstammt, entwickelte sich zu einer wichtigen Kategorie barocker Literatur; neben den meisterhaften Allegorien von Mateo Alemán gelten als wichtigste unter vielen diejenigen von Pérez de Moya, Polo de Medina und Gracián. Eine Wahrheit im kunstvollen Gewand allegorischer Dichtung aufzuzeigen, war damals das erstrebenswerteste literarische Ziel; nackte Tatsachen, ungeschminkte Wahrheit galt im Ba- rock als stümperhaft und nachlässig, hingegen stand das Ko- stümieren, Maskieren, Verbrämen entsprechend dem horazi- schen Ideal des «delectare et prodesse» (unterhalten und be- lehren) damals in der Gunst des Publikums: der Leser sollte mittels der kunstvollen Aufmachung in bewundernde Span- nung versetzt werden. Mateo Alemán erreichte mit seinen Allegorien und deren Funktion im Werk außerdem, die Gat- tung Schelmenroman in eine neue Richtung zu lenken: sie war von nun an nicht mehr bloße Unterhaltung, sondern fügte sich in den Rahmen der barocken Desengaño-Literatur. «Desengaño» (desengaño = Ent-Täuschung) ist ein Schlüs- selbegriff des spanischen Hochbarock. Typisch dafür ist das Spiel mit der Täuschung (engaño), das kunstvolle Verschlei- ern der «Wahrheit», «Wirklichkeit», «Echtheit» usw.; dabei wird im barocken Kunstwerk die Täuschung aber so gestal- tet, daß sie als solche durchschaut werden kann, Enttäu- schung (desengaño) und damit Wahrheitsfindung also mög-

lich wird. – Das hier aufgenommene Beispiel «Jupiter und die Zufriedenheit» besticht nicht nur wegen der allegorischen Erfindung, sondern auch wegen der strikten Zweckmäßigkeit und Sparsamkeit der sprachlichen Mittel.

Ähnlich wie in den Allegorien von Mateo Alemán läßt sich in den Erzählungen von Quevedo, den «Sueños», eine entlarvende moralische Desengaño-Haltung feststellen, bei ihm aber voller beißender nackter Satire.

«Der Traum vom Jüngsten Gericht» ist einer der sieben «Sueños de verdades descubridoras de abusos, engaños y vicios en todos los géneros de estados y oficios» (Träume, welche die Wahrheit aufdecken: Mißbrauch, Betrug und Laster in allen Ständen und Berufen), welche Francisco de Quevedo 1627 veröffentlichte, obwohl er diesen ersten schon 1607 schrieb. Der Traum, eher das Traumgesicht, als literarische Gattung hat seine Vorläufer in der griechisch-römischen Antike (Lukian, Cicero): es ist eine offene Form, die dem Dichter alle Freiheiten zugesteht. In den «Sueños» von Quevedo ist außerdem der Einfluß von Bosch bedeutsam. Quevedo selbst bezeichnet in einem seiner «Sueños» Boschs Gemälde als Träume. Es besteht kein Zweifel an der Verwandtschaft zwischen Bosch und Quevedo; darauf wurde schon zu seinen Lebzeiten hingewiesen. Quevedos Zeitgenosse Jusepe Martínez sagte in seinem Werk «Arte de la pintura» ausdrücklich: «Don Francisco de Quevedo machte sich in seinen ‹Sueños› die Bilder dieses genialen Malers zunutze». Mit den unübersetzbaren Begriffen «Caprichos» (ungefähr: launenhafte Einfälle) und «Disparates» (ungefähr: widersinniges Zeug) hat man Boschs Gemälde bezeichnet, und «Caprichos» und «Disparates» sind auch Quevedos «Sueños» (in die gleiche Linie gehören zwei Jahrhunderte später Goyas «Caprichos» und «Disparates»). – Im «Traum vom Jüngsten Gericht» finden wir wie in einem Gemälde von Bosch eine Menge Personen und eine unglaubliche Vielfalt von Bewegungen und Stellungen. Alle Arten von Männern und Frauen kommen zum Jüngsten Gericht herbei; deren Berufe und Verhaltensweisen werden mit einem Schwall

beißender Sätze und kühner Bilder satirisch charakterisiert. Die Menschheit ist für Quevedo ein kribbelnder Haufen, der ununterbrochen mit giftigen Wortpfeilen beschossen wird, so daß sämtliche Schwächen bloßgelegt und lächerlich gemacht werden. Manchmal begnügt sich Quevedo nicht, bloß einen einzigen Pfeil abzuschießen: von einer Ehebrecherin sagt er zum Beispiel, daß sie einen Mann in acht Leibern hatte, und als ob das noch zu wenig wäre, fügt er hinzu, daß sie einen einzigen in tausend geheiratet hatte. Es dauerte bis ins 20. Jahrhundert hinein, bis in der spanischen Literatur mit Ramón Gómez de la Serna wieder ein Genie mit der Sprachgewalt und der Bildkraft eines Quevedo auftrat. Der Kuriosität halber sei noch auf eine deutsche Nachahmung der «Sueños» von Quevedo hingewiesen: «Wunderliche und wahrhafftige Gesichte Philanders von Sittewald» (1640–42) von Johann Michael Moscherosch.

Es gibt wohl keinen größeren Gegensatz zu Quevedo als die helle und freundliche Welt von Cervantes, wo die Figuren in mildem Licht erscheinen und, ähnlich wie auf den Bildern seines Zeitgenossen Velázquez, auch feine Schattierungen sichtbar werden. Cervantes hat in seine großen Werke, «Don Quijote» und «Persiles y Sigismunda», nicht wenige kurze Erzählungen eingestreut, eine davon ist «Ganar amigos». Sie findet sich in «Los trabajos de Persiles y Segismunda» (1617), einem Phantasieroman in der Art der «Äthiopischen Geschichten» von Heliodoros. Sein Untertitel heißt «Historia septentrional», weil er hauptsächlich in nördlichen Gegenden spielt. Im Roman hat unsere Erzählung keinen Titel; er wurde erst später in Anlehnung an ein Theaterstück von Ruiz de Alarcón hinzugefügt, welches ein ähnliches Thema behandelt. «Ganar amigos» ist eine sprichwörtliche Wendung; das vollständige Sprichwort lautet: «Ganar amigos es dar dinero a logro y sembrar en regadío» (Freunde gewinnen heißt Geld auf Wucher anlegen und in bewässerten Acker säen), womit der Nutzen und Vorteil der Freundschaft ausgedrückt wird. Aber dieser Titel ist für die Geschichte von Cervantes vermutlich zu kurz gegriffen, denn sie führt uns

einen tragischen Fall vor, der aus dem ungeschriebenen ge-
sellschaftlichen Verhaltenskodex entstand und auf unvorher-
sehbare Weise durch einen andern ungeschriebenen Kodex,
die Großmut, gelöst wird. Es wird erzählt, wie ein Fremdling
in einem zufälligen Streit einen vornehmen Einheimischen
tötet und sichere Zuflucht bei der Mutter des Opfers findet,
ein außergewöhnliches und undenkbares Ereignis. Alles in
der Geschichte ist auf Raschheit angelegt: das Geschehen, die
Umstände, die Entscheidungen; entsprechend gedrängt ist
die Sprache; alles läuft geradlinig und ohne Umschweife ab
wie eine «Macht des Schicksals». Selbst in dieser beiläufigen
kurzen Episode leuchtet Cervantes' einmalige Gabe auf, auch
die ausgefallensten Begebenheiten glaubhaft und lebenswahr
zu erzählen. Trotzdem hat «Ganar amigos» literarische Vor-
gänger; das Thema stammt nämlich aus einer Novelle der
«Hecatommithi» von Giovanni Battista Giraldi Cinthio, welche 1590 in spanischer Übersetzung unter dem Titel «Cien
novelas» (Hundert Novellen) erschienen. Aber was bei Giraldi Cinthio nur ein merkwürdiger erdichteter Vorfall ist –
erst recht merkwürdig, weil der Mörder von der Mutter des
Opfers an Sohnes Statt adoptiert wird – wirkt bei Cervantes
wegen der verführerischen Kraft seiner ganz den Umständen
und dem Vorfall angepaßten Erzählweise überzeugend und
lebensecht.

Obwohl Cervantes meisterhafte Dramen geschaffen hat – allen voran die Tragödie «Numancia» – hat er seinen Platz in
der Geschichte als Erzähler und wird ihn behalten. Umgekehrt ist Tirso de Molina als Theaterdichter in die Literatur
eingegangen, obwohl wir ihm zwei ganz außergewöhnlich
gut gelungene Erzählungen verdanken, «El bandolero» und
«Los tres maridos burlados». Diese geschickt zu einer einzigen verwobene Dreifachgeschichte gilt als eigentliches Klein-
od in der Erzählliteratur des Goldenen Zeitalters. Sie steht
als eine der Episoden in «Los cigarrales de Toledo» (1621)*.

---

* «Cigarral» hieß in Toledo ein parkähnlicher umzäunter Garten mit Obst-
bäumen und einem Gebäude für Feste und Lustbarkeiten. (Anm. d. Übers.)

Das Thema der genarrten Ehemänner ist allerdings keine Erfindung von Tirso, und es ist auch keineswegs neu. Der Ehemann als Mönch kommt bei Boccaccio in der 7. Novelle des 3. Tages vor; der lebende verstorbene Ehemann findet sich in einem alten französischen «Fabliau» und später in den «Nouvelles» (1558) von Bonaventure Des Periers. Auch das Motiv des von den drei Ehefrauen gefundenen Rings gehört in die Welt der «Fabliaux» und der Volksmärchen. Aber Tirsos direkteste Quellen sind wahrscheinlich die «Ducento novelle» (1609) von Celio Malespini. Obwohl Tirso solch weit auseinanderliegende Elemente benützt hat, ist ihm eine Dreifachgeschichte geglückt, die ganz und gar spanisch und geschlossen wirkt. Die drei Ehemänner erscheinen als drei Spanier des Goldenen Zeitalters und sind es auch; ihre Frauen ebenfalls, denn was sie da an Ränken schmieden, entspricht genau dem, was sich die Damen des Goldenen Zeitalters in den Verwechslungskomödien auszudenken pflegen. Tirso ist als großer Komödiendichter bekannt. Hier in dieser Erzählung entfaltet er dieselbe «Vis comica» (komödiantische Spannkraft) wie in seinen Theaterstücken. Nirgends ein Erlahmen, nirgends ein Abschweifen; wie in einer guten Verwechslungskomödie dient alles, auch die kleinste Einzelheit, der Zuspitzung der Handlung und der komischen Wirkung. Die Geschichte der drei genarrten Ehemänner ist so liebevoll und sorgfältig ausgefeilt, daß der Leser förmlich spürt, wie sich der Autor beim Schreiben selbst daran ergötzt und sich ihn zum Komplizen macht, vor allem im Ulk mit dem Ehemann als Mönch. Man bedenke, daß dem Klosterbruder Gabriel Téllez aus dem Orden der Mercedarier in seinen weltlichen Werken das Pseudonym Tirso de Molina zur Deckung diente, was die Pikanterie seiner literarischen Lausbübereien bestimmt nicht wenig verstärkte.

In gewissem Sinne verwandt mit «Jupiter und die Zufriedenheit» von Mateo Alemán ist die Erzählung «Die Kunst glücklich zu sein» von Baltasar Gracián (wie bereits erwähnt war er ein großer Bewunderer der Allegorien von Alemán). Er benutzt im Unterschied zu Alemán, der seine Handlung un-

ter antiken Göttern spielen läßt, für seine Geschichte äsopische Tiere und nennt sie im Untertitel denn auch Fabel. Sie ist ein Kapitel in seinem umfangreichen Werk «El Discreto» (1647), wo er das Bild eines Idealmenschen, einer makellosen Person entwirft, eines «homme universel», eines «vollkommenen Menschen», wie ihn die französischen und deutschen Übersetzer verstanden. Sie ist Bestandteil einer ausführlichen politisch-moralischen Abhandlung, wo sie spielerisch erzählend den Sinn einer Aussage entwickelt, welche Giovanni Botero (ein politischer Schriftsteller der Gegenreformation) in seinen «Detti» (1608) dem Hauptmann Vitelli in den Mund legt: «weder bei kriegerischen noch bei sonstigen Ereignissen spielen Glück und Zufall eine Rolle, vielmehr beruht alles auf Klugheit und Unklugheit». Wir haben es also mit einer politisch-moralischen Fabel zu tun. In diesem Sinn sind Graciáns nächste Vorläufer – ohne Äsop und Lukian zu übernehmen – Mateo Alemán und vor allem Traiano Boccalini in seinen «Hinweisen» oder «Ragguagli di Parnaso» (1612).– Mit Gracián geht also recht eigentlich eine Epoche zu Ende: sie begann mit dem Hochpreis ritterlicher Tugenden im «Abencerraje» und schloß mit der ent-täuschten moralischen Betrachtung über «Die Kunst glücklich zu sein» im Desengaño Graciáns.

*Arturo del Hoyo*

*Antonio de Villegas* († ca. 1577)

Er stammt aus Medina del Campo, einer Stadt in Kastilien. Über sein Leben ist so gut wie nichts bekannt. 1565 veröffentlichte er «Inventario», einen Sammelband mit verschiedenerlei Werken in Versen und Prosa; darin findet sich «El Abencerraje». In früheren Jahren waren schon zwei Fassungen anonym erschienen; darum wird in der Literaturgeschichte der «Abencerraje» je nach Standpunkt als anonymes Werk aufgeführt oder als Autor Antonio de Villegas genannt, denn seine im «Inventario» erschienene Fassung ist die schönste und beste. – Unser Text folgt der Ausgabe von Francisco López de Estrada (Madrid, 5. Aufl. 1987).

*Mateo Alemán* (1547–1614?)

Er stammt aus Sevilla und übte das Amt des Steuereinziehers aus. Wie Cervantes war er wegen Unregelmäßigkeiten in der Buchhaltung einige Zeit im Gefängnis. Sein Hauptwerk «Guzmán de Alfarache» (1599–1603) wurde ähnlich wie der «Don Quijote» zu einem der meistgelesenen Bücher seiner Zeit. Seine reiche Erfindungsgabe und moralische Tiefe verhalf der «Novela picaresca» (Schelmenroman), die als Gattung mit «Lazarillo de Tormes» (1554) begonnen hatte, außer zu Popularität auch zu literarischem Ansehen. – Unser Text folgt der Ausgabe von Julio Cejador (Madrid 1913).

*Francisco de Quevedo* (1580–1645)

Es wurde in Madrid geboren, wirkte als Berater des Vizekönigs von Neapel, des Grafen von Osuna, später als Sekretär des Königs Philipp IV. Von 1639–44 war er aus politischen Gründen im Gefängnis. Er ist mit seiner Vielschichtigkeit einer der ganz großen Dichter Spaniens. In Prosa schrieb er Abhandlungen über Askese, Politik, Religion, ebenso Satiren aller Art. Seine Sprachgewalt ist genial, wenn auch bisweilen von beißender Schärfe, wie gerade in den «Sueños», wo er phantasievoll und bitterböse die Gesellschaft und die Zu-

stände seiner Zeit geißelt. Seine Versdichtungen sind nicht
weniger umfangreich und vielgestaltig als seine Prosawerke;
er gehört zusammen mit Garcilaso de la Vega, San Juan de la
Cruz, Luis de Góngora und Lope de Vega zu den bedeutend-
sten Lyrikern des Goldenen Zeitalters. – Unser Text folgt der
Ausgabe von José Antonio Alvarez Vázquez (Madrid, 1983).
Die Übersetzung von Wilhelm Muster entnehmen wir mit
Genehmigung des Insel Verlages dem Band: Francisco de
Quevedo, Träume.

## Miguel de Cervantes (1547–1616)

Er stammt aus Alcalá de Henares in Kastilien und war Lyri-
ker, Theaterdichter und Erzähler. 1571 kämpfte er in der
Seeschlacht von Lepanto gegen die Türken mit. Später geriet
er in Algier in Kriegsgefangenschaft und kam erst 1580 wieder frei. Während er von Spanien abwesend war, ereignete
sich dort Lope de Vegas literarische Revolution, welche er
nicht mitmachte. So ist die Entstehung des «Don Quijote»
(1605–15) weitgehend seinem Außenseitertum zu verdanken, und trotzdem ist die Gestalt über alle Landes- und
Sprachgrenzen hinweg modellhaft geworden und hat den
modernen europäischen Roman begründet. Cervantes ist der
weltweit am besten bekannte spanische Dichter aller Zeiten.
Spanier und Südamerikaner sind sich auch darin einig, daß
ihre Sprache – heiße sie hier «Kastilisch» oder dort «Spanisch» oder andernorts «Nationalsprache» – immer «die
Sprache von Cervantes» ist. Wenige Dichter haben die Sprache, die Weltsicht, die Ideale ihres Volkes so genau verkör-
pert wie Cervantes diejenigen Spaniens. – Unser Text folgt
der Ausgabe von Rodolfo Schevill und Adolfo Bonilla
(Madrid, 1914).

## Tirso de Molina (1571–1648)

Es ist das Pseudonym für den Mercedariermönch Fray Gabriel Téllez. Er wurde in Madrid geboren. Zu seinen dichte-
rischen Schöpfungen gehören einige Hauptwerke des spanischen Theaters, z. B. die Komödie «Don Gil de las Calzas
Verdes» (Don Gil mit den grünen Hosen), «El burlador de

Sevilla» (der Spötter von Sevilla), worin er die Figur des Don Juan schafft, welche bis heute immer wieder neue Gestalter gefunden hat: Molière, Mozart, Byron etc. Zusammen mit Lope de Vega und Calderón de la Barca bildet er im Goldenen Zeitalter das große Dreigestirn des spanischen Theaters. Als Erzähler hat er mit den «Drei genarrten Ehemännern» aus «Los cigarrales de Toledo» (1621) und «El bandolero» aus «Deleitar aprovechando» (1635) der Nachwelt Meisterstücke seiner herrlichen Fabulierkunst geschenkt. – Unser Text folgt der Ausgabe von Víctor Said Armesto (Madrid, 1913).

*Baltasar Gracián* (1601–1658)
Es wurde in Belmonte, einem Dorf in der Provinz Aragonien geboren und gehörte dem Jesuitenorden an. Unter seinen politisch-moralischen Abhandlungen sticht das «Oráculo manual» (1647) heraus, worin er das Modell eines Weltmannes entwirft, aber nicht für eine bestimmte soziale Schicht wie Castiglione in «Il Cortegiano», sondern für die gesamte menschliche Gesellschaft. Hieraus erklärt sich dessen außergewöhnliche Verbreitung in ganz Europa im 17. und 18. Jahrhundert, die in der deutschen Übersetzung durch Schopenhauer im 19. Jahrhundert gipfelte, welche wiederum auf die Aphoristik von Nietzsche ausstrahlte. «El Criticón» (1651–57), Graciáns größtes Werk, ist eine umfangreiche Allegorie des menschlichen Lebens, eines der gewaltigen Gebäude barocker Epik. – Unser Text folgt der Ausgabe von Arturo del Hoyo (Madrid, 1986).

Apropos unermeßliche Reichtümer (vgl. Seite 1 dieses Taschenbuches): In einem anderen Band der Reihe dtv zweisprachig, nämlich «Cuentos brevísimos / Spanische Kürzestgeschichten» (dtv 9320), findet sich folgende allerkürzeste Geschichte des Peruaners Julio Ramón Ribeyro:

La sabiduría de ese viejo líder campesino cusqueño que, al ser interrogado por ávidos aventureros sobre dónde puede estar el Paititi o, en otras palabras, El Dorado, responde: «Sólo encontrarás el Paititi cuando logres arrancar de tus ojos el resplandor de la codicia.»

Die Weisheit des alten Bauernführers in Cuzco, der auf die Frage habgieriger Abenteurer, wo denn das Paititi oder mit anderen Worten El Dorado sei, zur Antwort gibt: «Das Paititi wirst du nur finden, wenn du imstande bist, das Funkeln der Begehrlichkeit aus deinen Augen zu entfernen.»

Wieso Weisheit? Wo die Begehrlichen doch auch ohne Wegweisung das Dorado gefunden haben! Aber vielleicht doch Weisheit, auf lange Sicht?

Wie auch immer: In dem genannten Band stehen nicht weniger als 74 sehr kurze Erzählungen (von so wenigen Zeilen bis 2 Seiten Länge). Von spanischen und südamerikanischen Autoren dieses Jahrhunderts. 74 Gelegenheiten, Spanisch zu üben. Und 74 Gelegenheiten nachzudenken.

Ein Gesamtverzeichnis der Reihe ist erhältlich beim Deutschen Taschenbuch Verlag, Friedrichstraße 1a, 80801 München